HYBRID SKILLS

トヨタで学んだ ハイブリッド仕事術

スマートインプット
ムダの徹底排除

×

ベストアウトプット
成果の最大化

を同時に実現する33のテクニック

MORI TAKUYA
森 琢也

青春出版社

はじめに

本書を手に取っていただき、ありがとうございます。

みなさん、次のような悩みを一度でも感じたことはありませんか？

「自分なりに一生懸命頑張っているつもりなのに、なかなか成果が出ない」

「やり直しや訂正が多く、目の前の仕事が片付かないまま、次の仕事がどんどん山積みになっていく」

「失敗やミスをするたびに『二度としないぞ』と意識するけれど、また同じ失敗やミスを繰り返してしまう」

真面目な方、一生懸命な方ほど、こうした不安や焦りを抱えがちです。そして、不安や焦りが膨らむと、さらなる失敗やミスを呼び、どんどん悪循環に陥ってしまいます。

「どうにかしなきゃ」と思っていても、「どうしたらいいかわからない」。もがけばもがくほど、蟻地獄の砂中に埋もれていくような感覚……本当に辛いですよね。

「現状を打破する、キッカケが欲しい‼」

本書はそんなみなさんの声に応えたいと、トヨタグループで学んだカイゼン手法を用いて、個人の力を開花させる仕事術をギュッと一冊にまとめました。

著者である私自身が20代の頃、仕事でミスや失敗を繰り返し、周りに迷惑をかけ、不安や焦りから毎晩うなされていました。職場の仲間は一流大卒の超優秀な方だらけで、自分は何をやってもダメ。落ち込んでばかりで、心身の不調をきたす、という経験をしました。

しかし、あるとき会社の同期から「自分を責めるな、やり方を変えろ」というトヨタの教えに沿ったアドバイスをもらい、それが転機になりました。

その日以来、私は優秀な上司・同僚が近くにいることを幸運と捉え、彼ら彼女らの仕事の〝やり方〟を積極的に観察し、学ぶようにしました。

それ以前の私は、例えば「『仕事のムダを探せ』と言われても、いざ実践しようとして躓《つまず》く」という〝わかる〟と〝できる〟の差に苦しんできました。しかし、観察してみて、優秀な方ほど、細かくステップを刻むなど、やり方を工夫していることに気づきました。それを真似てみると、いままでできなかったことが私でもすぐにできるようになったのです。

その後、私は入社前から自分で決めていた通り、約10年でトヨタグループを離れ、別の会社を経て、現在は独立起業し、中小企業から大企業まで幅広く経営コンサルや研修・セミナーを提供しています。

仕事柄、さまざまな業界や職種の方と一緒に仕事をしますが、トヨタグループで学んだ仕事術は、どこに行っても何の仕事をしても通用する、不変のスキルだと実感しています。

実際に、元落ちこぼれ社員だった私が、会社設立初年度、従業員ゼロで年商5000万円を達成できたのも、トヨタグループで学んだ仕事術が基盤になっています。


本書では、私が学んだ仕事術を大きく、①ムダの徹底排除（スマートインプット）×②成果の最大化（ベストアウトプット）に分けて、『ハイブリッド仕事術』としてご紹介しています。単純計算ですが、時間や手間の投入（インプット）を1/2、成果（アウトプット）を2倍にできれば、ハイブリッド効果で生産性は4倍になります。机上の空論と思われるかもしれませんが、私の経験上、いま悩みを抱えている人ほど、実現可能性は高くなります。

具体的には、第1部でムダの徹底排除を行い、時間と仕事に追われる状況からの脱却を図り、第2部で成果の最大化に必要なアプローチを身につけ、好循環を生み出していただきたいと思います。

不器用な私は、この仕事術を10年かけて身につけましたが、その10年間の試行錯誤も踏まえ、本書では誰でもすぐに実践できるようにと工夫を凝らして紹介していますので、ぜひ現状を打破し、明るい未来に向けて、本書をご活用いただけたら嬉しいです。

目次

3章 ムダなアイドリング時間を減らす
――自動的に集中モードに入る仕組みづくり

第2部 アウトプットの仕事力カイゼン

4章 成果が上がらない真の原因を明らかにする
——カイゼン効果を最大化する問題発見のフレームワーク

5章　行き詰まりを抜け出し、ブレイクスルーを起こす
――「常識」と「思い込み」のワナにかからない発想術

6章 成果を最大化&持続化させる
——人と組織を巻き込み、カイゼンの好循環を生み出す仕組みづくり

著者エージェント／アップルシード・エージェンシー
編集協力／タンクフル
図表作成＆ＤＴＰ／エヌケイクルー

第1部　インプットの仕事カイゼン

▼「仕事のムダ」を徹底的に減らし、作業の時間を１／２に

ビジネスの世界では、「生産性」というキーワードがよく飛び交っています。

生産性とは、仕事に費やす時間や労力＝「投入量（インプット）」に対する、仕事の成果＝「産出量（アウトプット）」の割合を表す言葉です。少ない時間や労力で大きな成果が出るほど「生産性が高い」という評価になります。

「仕事で成果を出すために、何かを変えていきたい」という人に、最初におススメしたいのが、ムダに費やしている時間や労力＝「投入量（インプット）」の削減です。

なぜなら、余計な手間や、やり直し、ミスの挽回ばかりに時間や労力を使っていては、成果につながる活動や手立てが打てないからです。

そこで、第1部では、「ムダ」を削ることで、費やす時間や労力＝「投入量（インプット）」を減らし、仕事を効率化していくために必要なノウハウをご紹介します。

まずは、インプットのムダをなくすことから、カイゼンに取り組んでみましょう。

1章

ムダな仕事時間を減らす

――やみくもに頑張らないための仕組みづくり

日々の仕事の中でムダな作業時間を減らすこと、これは仕事力カイゼンの第一歩です。1章では、仕事のムダやムダな作業をどう見つけるか、そして、どうムダを削減していくといいのかを説明します。

大切なことは「なんか面倒だな」という自分の感覚＝心の声を大切にして耳を傾けることです。その感覚が仕事の中のムダを見つける大きなヒントとなり、仕事の効率化を大きく前進させてくれます。

読み進めながら、「あっ、こんなときに自分もなんか面倒だなと感じた」というのがあれば、まさにそこが、あなたの仕事力カイゼンの大きなヒントになります。

1 「マジメ×手抜き」でムダな仕事を減らすのがトヨタ流

この項のポイント

膨大な仕事に押しつぶされない賢い手の抜き方

日々押し寄せてくる膨大な仕事。やみくもに頑張るだけではとても終わりそうもない。そんなときは、堂々と**「手を抜くこと」**から考えてみましょう。とはいえ、どんな作業も丁寧にこなしてきた人にとっては、「手を抜く」という発想そのものに最初は嫌悪感や拒否感が生じるかもしれません。

私は現在、多くの企業で研修やコンサルティングを提供していますが、どこの職場でも**「マジメな人ほど手抜きが苦手」**で、結果的に仕事に忙殺されてしまう傾向にあるようです。

一方で、私が新卒から約10年働いたトヨタグループでは、仕事ができる人ほど四六時中「手を抜くこと」を考えていました。ただ、それは単純に「サボろう」「いい加減にやろう」

という考えとは違います。大前提として、手を抜くことで生じるリスクを最小限にしつつ、いかに手間や手数といった手を抜くか、という発想です。リスクや影響もマジメに考慮しながら手間や手数を削る、**「マジメ×手抜き」のハイブリッド思考**が私が学んだトヨタ流です。

「マジメ×手抜き」は、2ステップで進めます。具体的に見ていきましょう。

STEP 1 手抜き思考 ～「仕方ない」を捨てる

日々の業務の中で、「なんかこの作業って面倒だな」と思ったら、「でも仕方ない」と蓋《ふた》をせず、「どう手を抜くか」と考えてみることから始めましょう。

「手を抜く」具体的な方法は、次項以降で詳しく紹介していきますが、まずは次のような場面で、**①労力を減らせないか、②時間を減らせないか**、という視点で考えてみます。

【「面倒だな」と感じる仕事の場面】

□ややこしい／複雑すぎる仕事
□プロセスや手順が多すぎる仕事

□都度対応が多すぎる仕事
□手作業が多すぎる仕事
□繰り返し作業が多すぎる仕事
□やり直しが多すぎる仕事
□必要人員が多すぎる仕事

STEP 2 マジメ思考 ～ リスクを想定して先手を打つ

ステップ1で「仕方ない」を捨て、手抜きの候補を見出したら、次は実際に手を抜くことを考えます。ただし、安易な手抜きを行うと、悪い結果につながり、かえって時間や労力がかかってしまうこともあります。そうした状況を避けるために、トヨタではただ手を抜くのではなく、それによって起こりうる問題やリスクをあらかじめ想定し、対策を用意していました。

トヨタで理想とされるのは、手を抜くことによって生じる間違いやミスを避けるために、**「間違えたくても間違えられない仕組みづくり」**です。例えば、顧客訪問後にお礼メールを送る業務を想定してみましょう。最初は丁寧に一つひとつ文面を変えて作成していても、

（図表1-1）間違えたくても間違えられない仕組みづくりのコツ（例）

●フォーマットに他社名を入れない	⇨	プレースホルダー（例：〔日付〕〔名前〕の利用）
●自然と二重チェックが働く仕組み化	⇨	変更点を赤字表記し、目で見てわかる状態づくり
●重点的に意識すべきところを明確化	⇨	頻発ミスの集計&リスト化
●やり直し可能な仕組み導入	⇨	メール送付後10秒間、送信取消可となる設定を行う
●ポカヨケ※の設置	⇨	フォーマットの特定ワードを修正しないとエラーメッセージ表示

※工場の製造ラインに設置される、作業ミスを物理的に防止する仕組みや装置

担当先が増え1日に複数の顧客訪問を行うようになると手が回らなくなります。つい、過去メールを安易に流用してしまうこともあるでしょう。誰もがやりがちな「手抜き」です。

このような、「安易（いい加減）な手抜き」にはリスクがつきもの。うっかり顧客の会社名や担当者名などを変え忘れて送信してしまった経験をお持ちの人もいるでしょう。

私は、こうした手抜きに伴うリスクを最低でも2つ以上挙げて（これがマジメに考えること）、事前にその対策を施すように教えられてきました。ここで示したお礼メールの流用では、いったん立ち止まって、上図のような対策を「マジメに」考えて

「手抜き」のリスクを排除します。

トヨタには、**「人間はミスをするもの」という前提で対策を講じる**、という考え方があります。理想とするのは、間違えたくても間違えられない仕組みづくりです。

「なんか面倒だな」と思ったら、はじめに「手抜きありき」の視点で手を抜くことを考えましょう。そのうえで、手抜きしたときに生じるリスクを2つ以上挙げて、その対策を打ち、実行に移しましょう。トヨタ流の方程式は「マジメ×手抜き＝超効率化」です。

▽

「なんか面倒」な仕事ほど「マジメに手を抜く」

2

見えないムダをあぶり出す「作業の3分解」

この項のポイント

仕事が捗らない真の原因を明らかにする

毎日、なぜかバタバタしていて、あっという間に1日が終わってしまう。「仕事をした」という充実感はあるもののタスクリストが半分も終わっていない。それればかりか残タスクがどんどん積み上がっていく……。こんな状況、誰もが経験あるのではないでしょうか。

新人時代の私は、まさにこうした会社員でした。ただ、「やみくもに頑張っているだけ」。なぜ、頑張って仕事をしているのに、思ったように仕事が捗らないのか。

いま思えば、理由は簡単で「ムダが多い」から。**仕事の中に潜んでいるムダに気づかず、やみくもに取り組んでいた**からです。ムダに気づかないと、現状を変えていくためのカイゼンの第一歩を踏み出すことができません。では、ムダを見つけ出すには具体的にどうしたらいいのでしょうか?

まずは、**作業を3分解（正味作業／付随作業／ムダ作業）**し、それぞれの作業別にムダを見つけていきます。具体的に説明します。

STEP 1　作業の3分解（正味作業／付随作業／ムダ作業）

【作業の3分解】営業職の例

正味作業：価値を生み出す業務　契約につながる商談など
付随作業：正味作業に関連した業務　商談に使う資料の作成や現地までの移動など
ムダ作業：正味作業、付随作業以外の業務　修正・やり直しなど、価値を生み出さない作業

まずは、「正味作業」「付随作業」「ムダ作業」の視点で、ご自身の業務を振り分けてみましょう。わかりやすく営業職でたとえると、契約につながる商談や新商品のプレゼンテーションなど、「売上（価値）に直結している作業」が正味作業です。

直接売上につながるわけではないけれど、商談に必要な資料の準備、現地までの移動などが付随作業となります。

これらに対して、確認不足や指示の取り違いによる資料の修正ややり直しなど、本来避

けて通れたはずの「売上（価値）にまったくつながらない作業」がムダ作業となります。

STEP 2 作業別にムダを見つける

①ムダ作業：成果から逆算する

いうまでもなく、最初に減らすべきはムダ作業です。ムダ作業の唯一良いところは、すぐ判別できるところです。一度立ち止まって過去の仕事を振り返り、成果から逆算して、必要不可欠な作業だったか振り返ると、ムダ作業を見分けることができます。

一方で、注意しているつもりなのについやってしまうケアレスミスは、前項の**「マジメ×手抜き」**や次項で紹介する**「ECRS《イクルス》の原則」**を参考に、ミスしたくてもできない仕組みをつくる、そのプロセス自体をなくす／自動化する、という取り組みがおススメです。

②正味作業／付随作業：繰り返し作業に着眼する

さて、問題なのは、一見すると必要不可欠に思える正味作業や付随作業に隠れたムダ取りです。正味作業は難易度が高いため、付随作業から始めていただきたいのですが、付随作業には、パッと見ただけでは気がつかない「（付随作業に）へばり付いた」ムダが多く潜んでいます。

例えば、営業社員が新規開拓のために見込み顧客と商談する場合を考えてみます。訪問前の資料づくり、直接訪問の移動時間などが付随作業にあたるわけですが、商談を成功させるために万全を尽くしたいという気持ちが強ければ強いほど、入念な資料づくりや対面商談にこだわりすぎてしまう傾向があります。

そこで「商談を成功させるために絶対に必要な作業だ」という思い込みを捨てて、ここでも一度「マジメ×手抜き」で発想をしてみましょう。特に、着目してもらいたいのが、**繰り返し行っている付随作業**です。

【繰り返し行う付随作業】営業職の例

・商談の日程調整
・資料の作成／印刷
・取引先への訪問（移動）
・商談後のお礼メール
・契約書作成／締結

繰り返し作業にはムダがへばりついていることが多々あります。繰り返し作業をリストアップする際は、準備／商談／フォローといった具合に、一連の仕事を3～4個のプロセスに区切って洗い出すと思い出しやすくなります。繰り返し作業の中でも、**特に単純作業や「面倒だな」と感じた作業がターゲット**です。

リストアップしたうえで、「マジメ×手抜き」思考の実践です。この繰り返し作業、手を抜けないかな？　と発想し、マジメに手間や手数を減らす方法を考えましょう。

現在、私はさまざまな企業と取引をさせていただいていますが、意外なほど「これはこういうものだから」と真面目に（頑なに？）、過去のやり方に固執している個人や組織が多いと感じます。

例えばエクセル作業で「面倒だな」と思った瞬間に、さっと便利な関数がないか調べるかどうかの違いで、年間の作業時間に大きな影響を与えます。常に、手間や手数を減らせないか、「手抜き」を模索し続けることが、ムダ発見スキル向上の近道です。

▽

特に「繰り返し作業」を見直してみる

コラム1　正味作業をも見直して、売上を上げている住宅会社

トヨタ以外の例をご紹介します。私の友人が3代目社長を務める宮城県の住宅会社「株式会社あいホーム」（代表取締役 伊藤謙 社員数80名）では、作業のムダ削減と業務の効率化を図り、好業績をあげています。

この会社では、通常は正味作業とされる対面商談や建売住宅の現地見学会さえ見直し対象とし、地場の中小企業にもかかわらず、大手に先んじてスマホ画面サイズに対応したデジタルカタログや建売住宅のバーチャル内覧などを導入しています。

2020年、コロナ禍（外出自粛）で来店客数が3割減少したそうですが、これらの取り組みが功を奏し、商談なしに「この家、買います」と契約してくれるお客様が増え、なんと前年比売上3割増を実現しています。

ムダに気づける、見つけられる、というのもビジネススキルや能力の1つです。スキルや能力はトレーニングを通じて高めることができます。ぜひ、作業の3分解からステップアップしていきましょう。

3

業務カイゼンの秘密兵器「ECRSの原則」

この項のポイント

ムダの多い「職場の慣行」をカイゼンする

ムダを見つけ出すことができたとしても、それだけでカイゼンが進むとは限りません。例えば、会議の議事録や業務報告書など書類の作成に時間がかかりすぎて、他の業務が進まないという悩みや相談はよく耳にします。

「書類作成に時間がかかりすぎている」というムダを発見するまではできても、カイゼン検討を進めると、多くの方が「その作業に不慣れなことが原因だ、回数をこなして議事録や業務報告書の作成に慣れてくれば、作業時間を短縮できる」と安易に考えてしまいがちです。これでは成り行きまかせで、いつまでたっても成果は出ません。

どうすれば適切なカイゼン策を見つけ出せるのか。じつは、カイゼン検討の王道ノウハウがあります。それが**「ECRS《イクルス》の4原則」**です。

（図表1-2）ECRSの4原則

「ECRSの4原則」とは、次に示す4つのカイゼン策の頭文字を取った用語

●Eliminate	⇨	なくす、やめる、重複を解消する、二度手間を避ける、減らす
●Combine	⇨	まとめる、集中・集約、組み合わせる、その場で処理する
●Rearrange	⇨	順序替え、入れ替え、組み直し、置き替え、代替、優先順位の見直し、スケジュールの見直し、配分変更
●Simplify	⇨	簡素化、単純化、明確化、仕組み化、マニュアル化、ビジュアル化

◆「マジメ×手抜き」の発想で、まずは作業を見つめ直す

それでは、議事録作成のカイゼン策を「ECRSの4原則」で一緒に考えてみましょう。

このECRSの4原則では、まずは**その作業を「Eliminate＝なくす」ことから考え始めるのがポイント**です。

ぜひ「マジメ×手抜き」の発想も用いて、議事録作成そのものをなくせないかという観点から検討を始めましょう。

2つめの「Combine＝まとめる」とは、**複数の作業をまとめることでムダを減らせないかを検討する**ということです。

会議では記録用に録画・録音をしていたり、会

議中にホワイトボードにポイントを書き出したり、あるいは重要事項ごとに投影資料を示して説明したりすることもあるでしょう。それらを「まとめて」しまうことで議事録として流用できないか、議事録を代替できないかを考えることでカイゼンを検討します。

「マジメ×手抜き」の発想でも、作業のムダをなくすことで生じるリスクを最低2つ以上挙げて、その対策を検討することが大切と説明しました。議事録をただなくしてしまうだけでは、会議出席者も出席しなかった人たちも含めて、会議の内容を共有することが難しくなってしまいます。

そのリスクを回避するためにも、ただ「なくす」ことが難しい作業のムダに対しては、それに関連する複数の作業を「まとめる」ことでムダを減らせないかを検討することも有効な対策です。

3つめの「Rearrange ＝順序替え」では、**作業の順番を変えることでムダを省けないかを検討**します。

議事録作成のケースでは、「議事録は会議の後に作成するもの」という思い込みをなくし、実際の「会議→議事録作成」という順番を「議事録作成→会議」という順序に変えられないかを検討します。

実際には会議の前に完璧な議事録の作成はできないにしても、会議前に会議資料やレジュメを作成していると思います。仕事のできる先輩は、会議資料やレジュメを最初から議事録に転用するつもりで作成し、実際の会議でテーマや議題ごとに出された意見や決定事項などを簡単に追記して、会議の最後に「議事録は簡易でいいか？」と確認を取り、追記した資料をメール添付して議事録をあっという間に片付けていました。

また、会議前にどのような意見が出されて、どういった決定がなされるかの予想ができる場合や、単純に承認を取るだけの会議の場合には、あらかじめ議事録をテンプレートに沿って下書きしておくこともできます。作業の順番を変えるという発想で見直すとカイゼンのヒントが見えてくるのです。

4つめの「Simplify＝簡素化」とは、**作業をどこまで簡単に済ませられるか、作業にかかる具体的な工数をどれだけ減らせるか**、ということです。

議事録作成では、それまでに議事録作成を担当していた先輩の議事録をひな型として、それを真似て作成することで工数を減らせないか、個々人の意見など途中の議論については詳細を記載せずに「承認」の結論だけで済ませられないか、を検討するといったことが考えられます。

◆ムダを根絶する呪文「そもそも……」を常に心の中で唱える

この「ECRSの4原則」をより効果的に実践する、たった4文字の「最強の呪文」があります。それが、**「そもそも……」**です。

とてもシンプルで誰もが使いやすい呪文ですが、時に従来の常識をすべて打ち壊すほどの破壊力を持っています。周囲から一目置かれる先輩の口ぐせでもあったのですが、例えば、管理職と私たち一般社員が煩雑な業務の進め方を議論している中で、その先輩が「そもそも……、その仕事って何のためにやるの？」と全員に呪文を唱えます。すると、小手先の議論に終始していた中で、一度目的に立ち返り、抜本的に業務を見直す妙案が出てくることが多々ありました。

「そもそも、なぜやるの？」「そもそも、この作業プロセスって必要なの？」「そもそも、この作業ってこの順番でないといけないの？」というように、常に「そもそも？」と言葉に出すと、誰でも簡単に**思い込みや制約条件を外し、うっかり見過ごしていたムダに気づく**ことができます。

多くの人は、職場の当たり前や常識となっている作業やルールを疑い、カイゼンを検討することが苦手です。しかし、当たり前や常識に縛られている限りは、「なくす」という発想が困難です。「当たり前」を排除し、作業の根っこの部分からカイゼンを検討するときに、「そもそも?」の一言が大きな効果を発揮します。

カイゼンを行うにあたって、何より最優先するのはＥＣＲＳの中で「なくす」です。「そもそも」の呪文も活用し、「まずは、なくせないか」から発想していくと、仕事の効率が圧倒的に上がります。

▽

「まずは、なくせないか」の発想で検討してみる

4

探しもの時間をゼロにするトヨタ流「捨てる技術」

この項のポイント

捨てる決意がいらなくなる整理術

ある文具メーカーの調査によると、日本のビジネスパーソンは紙書類を探す行為に、**平均で週に約1・7時間を費やしている**そうです。

オフィスの机の上が散らかっていて、いざ必要な書類を探そうとしてもすぐに見つからない。さらに紙書類だけでなく、パソコンのデータも散乱していて、すぐに欲しいデータが取り出せない……。

1週間で1・7時間ということは、1日に平均すると約20分、紙書類を探すために使っている計算になります（週5日勤務で計算）。さらに、パソコン上のデータ探しも加えると、多くの方が毎日30分以上、探しものに時間を費やしているのではないでしょうか。

ということは、**探しものをしないで済むようになれば、「毎日30分以上、早く仕事が終わ**

る」ことになります。

どうすれば、この「探しもの」に費やす時間や労力のムダをなくすことができるのでしょうか。

方法は簡単で「整理・整頓」して、不要なものを捨てるのです。ただし、このやり方にもトヨタ流があります。

STEP 1 トヨタ流「整理・整頓」

一般的に私たちが日常で使う、自宅の掃除や片付けを行う際の「整理・整頓」と、トヨタで使われている「整理・整頓」は異なっていて、入社当時私も大きく戸惑った経験があります。

そもそもみなさんが自宅の掃除や片付けを行う目的はなんでしょう？　清潔感や衛生を保持したい、足の踏み場や寝るスペースを確保したい、友達が遊びに来るから見た目を整えたい、などではないでしょうか。

一方で、**トヨタの「整理・整頓」の目的にはお金（時間や労力）の節約が加わります。**従業員がものを探す時間も労務費というコストが発生していますし、ものが見つからずに買い足す場合も、つくり直す場合もコストが発生するからです。

◆整理≠整列。「整理」とは要否を判断していらないものを捨てること

トヨタグループでは、**「整理ができない人」**は**「仕事ができない人」**と**同義語**で使われることがあります。「整理ができない人」＝「判断ができない人」＝「仕事ができない人」と評価されてしまうのです。

このような発想のもとになっているのが、「整理」についての考え方です。みなさんは乱雑に散らかった机のまわりを「整理しなさい」と言われたら、どのように対応しますか？

多くの方が、ひとまず、寄せて、まとめて、並べて、重ねて……と対応するはずです。

しかし、トヨタでは異なります。

トヨタでは、机の上などに**散らかっているものを綺麗に整える行為が〝整列〟**、それに対して**「ものごとの要否を判断して、不要なものを捨てる」行為が〝整理〟**である、と明確に区別しています。そして、もちろん**整列と整理では、整理を重視**します。ものがなければ、散らかることもないし、「探しもの」に費やす時間もなくなるからです。

もちろん整列も大切ですが、不要なものを見栄えよく並べてもあまり意味はありません。できる限りものを捨てていくという発想は、前項「ＥＣＲＳの４原則」のうちの「Eliminate

＝なくす」と同じ考え方です。

STEP 2 「捨てられない‼」を乗り越える

世の中には「物を捨てるのが苦手なんだよね〜」という方がいます。「捨てる」という判断にはリスクも伴うため、ついつい判断を避けてしまいたくなるのだと思います。この「捨てられない‼」をどうやって乗り越えればいいのでしょう。トヨタでは、次のような取り組みを実践しています。

①捨てる基準（判断基準）を定めて、一大決心を避ける

誰しも、一大決心や大きな決断は、心理的な負荷が大きいものです。一品一品、要否を検討し、いちいち「捨てるぞ！」と決心や決断を繰り返していては、誰だってすぐ心理的に疲労してしまいます。そのため、捨てるという決断の心理的な負担を極力少なくすることが1つのポイントになります。できれば**機械的な判断で捨てるか残すかを決めていけるような仕組みをつくること**がおススメです。

（図表1-3）捨てる基準

- 「再購入やつくり直した場合に500円以下で済むかどうか」
- 「データ容量が5GB以上かどうか」
- 「最終版が別にあるかどうか」
- 「“念のため”と思って用意したものかどうか」
- 「電子化できるかどうか」
- 「ないと顧客や取引先に迷惑をかけるかどうか」

具体的には、「再購入やつくり直した場合に○○円以下で済むなら捨てる」「最終版のデータ以外は捨てる」というようにあらかじめ判断基準を定めておき、その判断基準でふるいにかけて、捨てるか残すか振り分けていくようにするのです。機械的に捨てるか残すかを振り分けることができると、決心や決断が一切不要となり、作業はとてもラクになり、継続性も向上します。

②第三の選択肢〈有期保留〉を駆使する

ただし、捨てる基準を定めてもその判断基準が適用できないものや、この判断基準で捨てていいだろうかと不安に思うこともあると思います。要否の判断に迷って答えが出ないときは、第三の選択肢として**「有期保留」**を駆使することをおススメします。

有期保留とは、**2週間や1カ月というように期間を決めて保留し、その期間が終わったときに一度も利用しな**

かったら「捨てる」という判断をすることです。有期保留を駆使し、既定の期間が過ぎたら、結局必要だったのかどうか振り返りを行いましょう。振り返りを行うことで、「このジャンルのものは、有期保留しても結局捨てる」「この手のものは、1カ月様子を見たほうがいい」といった具合に、みなさんの判断基準が磨かれていきます。有期保留は、ただの判断先延ばしではなく、判断基準を磨き上げる大切なプロセスなのです。

整理とは、とにかくいらないものをどんどん捨てていくこと。**「捨てる」という作業を通じて、じつは「判断力」という能力の向上も図れます**。「何かを探す」というムダな時間や労力を大幅に削りながら、「判断力」を磨き、スッキリ整った仕事環境を手に入れるという、一石三鳥を狙ってみませんか？

▽

「捨てる」作業を通じて「判断力」を磨く

5

必要なものを10秒で取り出すトヨタ流「整頓術」

この項のポイント

ものやデータのしまい方を根本から考え直す

前項では「何かを探す」というムダな時間や労力を削るための「整理と整頓」のうち、整理にフォーカスしたカイゼンについて説明しました。ここでは「整頓」について一緒に考えていきましょう。

「整頓」と聞くと、本棚にカチッと書籍が並んでいるような、スッキリ収納されている様子をイメージされる方も多いと思います。ところがトヨタでは違います。トヨタでは整頓＝セッティング、というイメージが近いと感じます。

◆必要なものは「10秒で取り出せる」ように収納場所を決めてセッティングする

ポイントは、まず、「必要なものは10秒で取り出せるように」という意識を持つことで

（図表1-4）10秒で取り出す、セッティングのコツ

①ホームポジション（定位置）を示す
②エクスプレス・ラックをつくる
③グルーピングする
④検索フックを仕込む
⑤立体で発想する

す。わずか10秒ですから、**「目をつぶっていても取り出せる」**レベルです。

自分の仕事にとって本当に必要なものは、目をつぶっていても手を伸ばせば素早く取り出せるというくらいに収納場所にこだわり、すぐに使える状態にセッティングしておくことが大切です。

トヨタでは**「ただ綺麗に収納するな」**と教えられます。例えば、一見整然と、キチッと書籍が詰まっている書棚ほど、本をうまく取り出せないことがあります。これでは見た目はよくても実用的ではありません。資料や重要なデータは、パッと取り出せて活用できることに意味があります。

もし必要なものを探したり取り出したりするのに3～5分以上かかるようなら、「セッティングの仕方そのもの」を見直しましょう。

それでは取り出しやすいセッティングにするための

コツをご紹介します。

①ホームポジション（定位置）を示す

新人でも何がどこに何個あるのかがわかるようにするには、ホームポジションを示すことが効果的です。これは、この工具の置き場所はここ、このデータの保管場所はここというようにルールを決めるだけでは不十分です。

例えば、工具や文房具の置き場所なら、白線でその工具の形状と置く向きまでがわかるようにシルエットを描いて示し、工具をその形の通りに置くようにします。こうすれば、新人でもどのような形の工具を何個、どの位置にどの向きで置けばいいのかが一目瞭然です。

この「姿置き」は実際にトヨタグループの製造ラインで実践されているカイゼン策です。

②エクスプレス・ラックをつくる

エクスプレス・ラックとは、**素早く取り出せる収納箱のイメージ**です。私のコンサル先のあるメーカーでは、製造現場の方は全員もれなく、寸法をはかるためのメジャーを腰にぶら下げていました。みなさん、メジャーを頻繁に使うからだそうです。私自身は、パソコンのショートカット機能やワードやエクセルのクイックアクセスツールバーを用いて、よく使うファイルや機能はすぐにアクセスできるようにしています。特に、一時的に利用頻度が高まる道具やデータは、期間限定でも特別な位置に配置するといいでしょう。

③グルーピングする

トヨタでは「綺麗に収納するな」と言われると紹介しましたが、時には、大きさや形状がバラバラになってもかまわないので、**「よく一緒に使うもの同士をひとまとめにして、すぐに使える状態」**にします。

例えば、「蛍光ペンとハサミと定規」といったセットを一つの箱の中に入れておくのも良い方法です。見た目は綺麗でなくても、よく同時に使う3つを一度に取り出せるので、一つひとつ取り出して使い終わったらしまうといった作業のムダも削減できます。

取り出しやすい収納とは、ただ取り出しやすいだけではなく、いかにムダ（繰り返し作業）をなくすかという視点で考えることも大切です。

④検索フックを仕込む

データを扱うときには、ファイル名や階層など保存に関するルールを決めるだけではなく、「すぐに探せる・取り出せる」ようにしておくことが大切です。パソコンのデスクトップが散らかっている、フォルダやファイル名の名づけルールがない、という個人や組織をいまだに多く見かけます。これでは、いざというときに必要なデータを素早く探して取り出すことができません。

パソコンにデータを保存するときには、**フォルダやファイル名のつけ方を「日付・件名・バージョン」の順番にするといった統一ルール**を定めて、同時に**「親フォルダ→子フォルダ→ファイルの3ステップ」で必要なデータにたどり着けるように階層を整えましょう**。

また、探しやすく取り出しやすい状態で保存するには、データにタグを付けたり、**検索にひっかかりやすいキーワードを書き込んでおく**といったことも効果的です。

私の場合、「後で探しやすくする」という観点で、資料データの表紙やメールの自己署名欄などに「自分だけがわかるキーワード（＝検索フック）」を書き込んでいます。「この企業は訪問時に、事前に送ってもらった来訪者ＱＲコードの提示が必要だ」と思ったら、「(社名）ＱＲ」と書いておき、そのキーワードで検索すると素早く必要なメールを探し出せます。

このように検索フックをつけておくことも、取り出すことを前提としたセッティング＝整頓には有効です。

⑤立体で発想する

自動車の製造現場では、工具が天井から吊るされていることがあります。必要なときに手元まで引っ張り、使い終わると自動で元の位置に戻る仕組みです。このように道具を配置する際は、机や台座の上（平面）だけでなく、**立体で考えると、より「すぐ取り出せて、利用しやすい」セッティング**が可能となります。

私自身も仕事場のデスクまわりは、パソコンや筆記用具、ティッシュ箱、電卓を壁にかけるなどの工夫を行っています。机の上のスペースには限りがありますが、立体で発想することで収納領域は増えますし、何よりも手を伸ばせばすぐに届く環境をつくり出せます。最近では、固定席がないフリーアドレスの職場も増えていますが、そんな方々も市販の縦置き型の収納バッグを活用して持ち歩くことで、瞬時に必要なものをすぐに取り出せる環境をつくり出すことができます。

（図表1-5）縦置き型の収納バッグ

▽

見た目より、取り出しやすさを優先する

6

あと15分早く帰るための隠れたムダの見つけ方

この項のポイント

気づかない
ムダが潜む
「7つのスポット」

カイゼンは単発で終わらせるのではなく、ＰＤＣＡを回すように継続的に取り組みながらブラッシュアップしていくことが大切です。ＰＤＣＡを回しながら取り組んでいくときに、私がよく言うのは「さらにあと15分、早く帰る方法を考えましょう」ということです。「さらにあと15分、早く帰る」を考える際、「どこかにまだ隠れたムダはあるかな？」と漠然と自問自答しながら見つめ直す程度では、これまでさまざまな方法で取り組み、それでも見落とされてきた「仕事の奥の奥」に潜むムダを見つけることはできません。

そこでみなさんにはぜひ、トヨタの製造現場で指摘されている**「7つのムダ」**に着目し、再度、自分の仕事のムダ、ムダな仕事を見極めていく作業を行ってほしいと思います。

（図表1-6）トヨタ流ムダの7大スポットをオフィスワークに応用

【7つのムダ】	【オフィスワークに置き換えた例】
つくりすぎのムダ	考えすぎ、こだわりすぎ、丁寧にやりすぎのムダはないか レポートや文書を要求以上に詳細に作成し、結果的に読まれずに終わる。会議用に参考資料を過剰に準備するが、実際の会議でほとんど使われない。
手持ちのムダ	待ち時間のムダはないか 役員の到着が30分遅れたのでその間、ぼーっと過ごしている。会議室の予約が取れずに、重要なプロジェクトの打ち合わせができずにいる。
運搬のムダ	書類や商品を運ぶ手間が生じていないか 契約書が紙媒体なので、郵送に手間と時間がかかる。出荷準備が遅れて、配送業者の受付時間に間に合わず、商品を直接送り届けなければならなくなる。
加工そのもののムダ	目的がずれて余計な仕事をしていないか データ入力やフォーマット調整など、本来の業務目的に直接貢献しない作業に多くの時間を費やしている。
在庫のムダ	余分な情報収集をしていないか 参考文献や統計データのコピーが使用されずにたまっている。過剰な備品やパンフレットが倉庫に積み上がっている。
動作のムダ	余計なアクションや面倒な手続きはないか 情報を探すためにファイルキャビネットや電子メールの中を何度も行き来するなど、非効率な動作。
不良のムダ	間違いやミスにより、余計な手間が生じていないか 日付記載ミスにより訂正メールを送り直す。依頼内容を取り違えたまま作業を進め、全てやり直しになる。

前ページの図で紹介した7つのムダは、製造現場のカイゼンで真っ先に検討されるポイントです。これらのポイントにフォーカスしながら確認していくことで、「もう探し尽くした」と思われるムダを見つけ出し、新たなカイゼン点を見出すことができるでしょう。

▽

「探し尽くした」先に、まだムダがある

＊　　＊

さて、1章では仕事にマジメに取り組み頑張っているのに、なぜか成果が上がらないことに悩んでいる人たちを想定しながら、仕事に潜むさまざまなムダをどう見つけるか、そして、やみくもに頑張るだけではなく、手を抜くことも考えながらいかにムダをなくしていくかについて説明してきました。大切なことは「なんか面倒だな」という心の声に耳を傾け、「ムダな動き」を価値を生み出す「働き」に変えていくことです。

続く2章では、日々の仕事において「ムダに悩む時間」を減らして、生産性を高めていくコツを紹介します。

2章

ムダに悩む時間を減らす

――メンタルを乱されない仕組みづくり

仕事のなかで無理難題に思える依頼や指示が舞い込んでくることがあります。時には、予期せぬミスや不具合、トラブルが起こり、周囲にも迷惑をかけ、八方塞がりに思える状況で、どうにか挽回を図らなければいけない場面もあります。

トヨタグループ勤務時代、私はそんな場面で、「そんなこと絶対にできない」「解決策なんてあるわけない」と憤りにも似た気持ちになったりしました。感情にまかせて「できない理由」を延々と思い浮かべ、頭はパニック状態です。

感情的になったり、パニック状態になったりしてしまうと、メンタルがひどく乱されます。メンタルが乱された状態では、「思考が停滞」しているのと同じことです。

そんなとき、ある先輩から「最高時速300キロ超えのスポーツカーだって信号待ちや渋滞にはまれば、電車や自転車のほうが早く目的地に着けることもあるだろう。とにかく立ち止まるな。悩んでいないで考え続けろ」と励まされました。持って生まれた資質や学歴に自信がなくても、立ち止まらなければ逆転できる。だから、「思考の停滞」を避けろというアドバイスでした。

2章では、この「思考が停滞している時間」＝「ムダに悩む時間」を減らすためのさまざまな方法や工夫を説明します。見方を変えれば、多少の困難には動じず、メンタルを維持したままで「思考のスピードをアップする」工夫です。

1

ミスや失敗を引きずらない「問いの力」

この項のポイント

時間を浪費する思考のネガティブループから抜け出す

例えば仕事でミスをするたびに、日々、報告書という名の「反省文」を書かされているが、いっこうにミスが減らない、反省文を書くムダな時間が業務効率化の妨げになっている、そんなことをうすうす感じている人は多いのではないでしょうか。

反省の繰り返しは、失敗した業務に対する苦手意識を増幅させ、「次こそは何がなんでも失敗しないぞ」という気合の空回りにつながり、逆にミスが増えてしまうことも多いものです。

こうなってしまうと、これもダメあれもダメ、どうせ今度もダメだろうと思考がネガティブループに陥り、悩み続けるだけで時間がどんどんムダになります。

このネガティブループを抜け出すには、**「思考の向き」を変えて、「明日を変える問いを**

立てる」の2ステップが有効です。

STEP 1 「思考の向き」を変える

例えば、「売上20％アップ」を目標にさまざまな施策に取り組んでいる中で、お客様への対応でミスや失敗が続き、このままでは目標達成がおぼつかない事態となっていると想定します。

ここで反省文を何十枚書いたとしても現状打破につながらないことは誰もが感じることだと思います。反省文をいくら書いても、過去の出来事に執着し、自分の非（原因）と責任追及を繰り返して落ち込むだけです。

それに対し、「どんなやり方をすればミスをしなくなるのか？」と**語尾に「？」が付いた問い**を立ててみてください。視点が「過去」→「未来」に変わり、気持ちも「ネガティブ」→「ポジティブ」に変わる気がしませんか。

大切なことは、「（今後は）どんなやり方をすればミスをしなくなるのか？」と「明日を変える問い」を立てることです。こうすることで、ネガティブループで停止していた思考のスイッチがオンになります。

そのうえで、さらに「売上を20%アップするためには？」と、いまの仕事において本当は何をしようとしていたのかに立ち返り、**もともとの目標の達成に向けた問いを立てていく**と、思考はどんどんポジティブに加速していくでしょう。

思考の向きを変えるためのポイントは、「明日を変える」という視点で「問いを立てる」ことです。

【思考の向きを変える】

×反省＝過去・原因・責任追及（→ネガティブ）から

○明日を変える問い＝未来・対策・可能性追求（→ポジティブ）へ

STEP 2 「問いの3段話法」で「明日を変える問い」を立てる

それでは具体的にどのような方法で明日を変える問いを立てればいいのでしょうか。おススメは「問いの3段話法」の活用です。1章で説明した「マジメ×手抜き」「ECRSの原則」「根絶の呪文：そもそも？」を応用します。

トヨタでは、特に「選ぶ・探す・判断する・注意する」といった作業がミスにつながり

(図表2-1)明日を変える問いを立てる3段話法

①なくせないか？
=マジメ×手抜き／根絶の呪文:そもそも？の視点

例：メールでの会議日程調整で、日時を手入力していたらミスを連発
→日程調整アプリで調整&連絡を自動化し、入力作業そのものを廃止

例：封筒に手書きで宛名を書くが書き損じてやり直し
→プリンターの差し込み印刷機能で宛名を印字し、手書き作業を廃止

②減らせないか？
=「ECRSの原則」のE(なくす)とC(まとめる)の視点

例：画面を切り替えながらの資料チェックで手間と確認漏れが同時発生
→画面分割表示でチェック業務の手間もチェック作業の工数も削減

例：数カ月前にググッて見つけた、エクセルの関数が見つからない
→デスクトップのメモ帳に一括保存し、再検索の工数を削減

③簡素化できないか？
=「ECRSの原則」のS(簡素化)の視点

例：同じ顧客と毎回契約書を交わすため事務作業がかさみミスも連発
→契約書は1年自動更新とし、受発注業務を簡素化

例：文章体裁にとらわれ、取引先からの変更指示共有が遅れて納品ミス
→「電車移動中につき」と一言添えて、要点だけ即時共有

やすい場面だとされています。そこで、そうしたミスにつながりやすい作業を**「なくせないか？」「減らせないか？」「簡素化できないか？」の3段話法**で考えて、対策を追求しましょう。そして、最終的には、「ミスをしようにもミスが起こらない未来」をつくり出すことを目指して思考を働かせていきましょう。

過去の反省を「明日を変える問い」に変換する

コラム2　反省しないで「振り返る」

現在、私は企業から依頼を受けて研修講師を務めることも多いですが、研修の中で反省という言葉は一切使いません。

仮に、1日の研修が終わったときに「今日の研修の反省（反省会）をしましょう」と講師が言った途端、みなさん我先に「できていなかったこと」を話し出します。

本来、反省とは、次に同じミスを繰り返さないための分析と対策検討までを含む行為ですが、多くの場合、他人から責められないように自ら非を認めてわが身を守ることに重きが置かれがちです。そのため、研修では**反省という言葉を避け、振り返りという表現を重用**します。

大切なことは、思考の向きを変えることです。

過去は変えられません。明日を変えるために、みなさんの大切な時間を使いましょう。

2

乱れた心を落ち着かせる「切り替え作業」の効用

この項のポイント

メンタルが乱れて集中できないときのリカバリー法

仕事をしている以上、ミスはつきものです。マジメな人ほど短時間により多くの仕事をこなそうと頑張りすぎて、ゆっくりやっていればなんでもない仕事でミスをしてしまう場面があります。

運悪く、そういったミスが重なったり、影響が大きかったりすると、落ち込み、自己嫌悪になり、自信を失うこともあるでしょう。ようはメンタルを乱されてしまうのです。

そんな状況では、誰しも正常スピードで思考が働きません。気持ちをうまく切り替えられず、いつの間にか「ミスをして落ち込み、またミスを呼び込む」というパターンが習慣化してしまうこともあります。

ミスをして落ち込んだり、自己嫌悪に陥ったりしたら、できるだけ早く自分をリセットすることが大切です。

おススメは、**「黙々と没頭できる単純作業をこなす」**ことです。

最近の脳の研究では、人間が怒りや不安、恐怖といった本能的な感情を抱いたときに活発になるのが大脳辺縁系と呼ばれる部位で、理性をつかさどるのが大脳新皮質の前頭葉と呼ばれる部位であることがわかっています。効率よく仕事を進めていくには前頭葉の働きが大切ですが、**前頭葉の働きを活発にするには単純作業に数分間、没頭するのが効果的**とされています。

つまり、ちょっとした目の前の単純作業に集中することで、負のスパイラルを断ち切るといいのです。

◆4つの視点で単純作業をストック

落ち込んだり自己嫌悪になったりしそうなタイミングで、あわてて単純作業を探そうとしても、そうそう簡単にほど良い作業が見つかることはありません。ポイントは、**「4つの視点」で「時間があったらやっておきたい付随業務」を自分なりにストックしておく**ことです。

ミスをして落ち込みそうになったり、自己嫌悪になったりしたら、単純作業への数分間

（図表2-2）単純作業の4つの視点

- 夢中になれる
- 取り掛かりやすい（準備不要）
- 5～10分で区切りがつく
- 成果を感じられやすい

単純作業の一例

- □ パソコンの不要なデータやメールの消去
- □ ダイレクトメールの封入やチラシの三つ折り作業
- □ 領収書の整理
- □ 製造ラインの設備磨き
- □ 眼鏡拭きや靴磨き

の没頭で気分をリセットするのがおススメです。ただし、夢中になれたのはいいが、没頭しすぎて数時間かけてしまった、という事態は避けたいところです。思い付きで始めたときほど、このような状況に陥りやすいので、繰り返しになりますが「あらかじめストックしておく」ことが意外と重要です。

不要不急だけどいつか進めなければいけないちょっとした作業を、この機会を利用してやってしまうと一石二鳥です。

▽

「時間があったらやっておきたい付随業務」をストックしておく

3

ゴールの見えない仕事は「ハシゴ化」で視界をクリアに

この項のポイント

「巨大な壁」に思える困難な仕事を乗り切るコツ

あるとき、私がコーチングをしているビジネスパーソンの一人が、異動して間もない事業部の「中期事業計画をまとめる担当に抜擢された」と頭を抱えていました。聞くところによると、まだ事業部の業務の全容を把握しているとは言えず、これまでにどういった成長戦略を取ってきたのかも理解していない中での事業計画立案です。「考えれば考えるほど絶対に無理と思えてきて、頭がパニックになりそう」と不安を口にしていました。

この章の冒頭でも説明しましたが、パニック状態であれこれと悩んでも、結果的に何の打開策や解決策も見出せないのであれば、それは思考停滞と同じ状態です。

この方には目の前のタスクが高く分厚い「巨大な壁」に見えていたのだと思います。そして、その巨大な壁は真正面から乗り越えるべき、すなわち「垂直登攀《とうはん》」すべきだと思い込んでいたように思います。

しかし、こんな場面でも、まず心を落ち着けて、1章で説明した「マジメ×手抜き」「ECRSの原則」「根絶の呪文：そもそも？」を応用しましょう。具体的には、「そもそも本当に、垂直登攀（真正面から取り組んで一度で乗り越えるプロセス）が必要なのか？」と発想してみます。多くの場合、**一歩ずつ乗り越えられるサイズにまでタスクを分解し、「階段」をつくってみる**と、大きな壁も乗り越えられてしまいます。また、階段を一歩ずつ上り、それでもダメなら**「ハシゴ」をかけること**をおススメします。

STEP 1　一歩ずつ上れる小さなタスクに分解（階段をつくる）

この項の冒頭で触れたビジネスパーソンの事業計画立案の事例をもとに、「階段をつくる＋ハシゴ化」の手法を解説したいと思います。

【階段をつくるための3つの手順】

①まずは最終ゴールを確認する

・どれくらいのレベルが求められているのか

・どれくらいのボリュームか
・正確な最終期日はいつか
などを明確にして最終ゴールを具体的にイメージできるようにする。

今回の事業計画立案の事例では、具体的に「どのようなレベルの事業計画をつくればいいのか」が明確ではありませんでした。じつは、このように「どのようなものを、どこまでのレベルで、どのように仕上げるべきか」が曖昧なまま、ただ仕事の大きさに驚き、半ばパニック状態で思考が停滞してしまうというケースはよくあります。

例えば、詳細なバックデータ含めて70～100枚にもおよぶ事業計画の立案を求められているのか、簡潔に5枚程度にまとめればいいのか、まずは**最終ゴールのイメージを明確に**しましょう。過去資料や類似資料を入手し、期日を含めて上司に確認し、**最終ゴールのイメージにお互いに齟齬がないかをすり合わせしておく**ことが大切です。

②最終ゴールまでの階段を設計する
・何ができればゴールに到達できるのか「最後の1段」を明確にする
・そこに行き着くまでの「途中の1段」を考える

・確実に踏み出せる「最初の1段」を決める

最終ゴールを明確にできたら、ザックリとでいいので、**ゴールにたどり着くまでのプロセスを3段階ほどに切り分け**ます。例えば、「最終的なアウトプット（成果）となるパワーポイント資料の提出」（最後の1段）、そこに向けて「関係部署との内容に関する合意」（途中の1段）、「必要データの収集とスケジューリング」（最初の1段）といった具合です。

さらに細分化すれば1段ずつの高さが低くなりますが、細かくしようとしすぎると手が止まってしまいます。最初は詳細に刻むよりも、ザク切りのイメージでゴールまでを3段階前後のプロセスに切り分けると始めやすいです。

③それぞれに時間を割り振り、必要時間を具体化

・「最後の1段」「途中の1段」「最初の1段」にかかる時間を算出

それぞれのプロセスにどれくらい時間がかかるのかは、やってみなければわからないところもあります。ですが、**大まかに必要工数（時間）を算出し、合計時間を集計**してみましょう。ここまでで、何にどれだけ時間がかかりそうだ、という目途が立つはずです。

ここまで来たら、当初は「巨大な壁」として立ちはだかっているように見えていたものが、少し形を変えて見えてくるでしょう。「巨大な壁」を前に呆然として立ち止まらず、階段をつくって所要時間もイメージできれば、不安感はかき消され、より具体的なアクションに向けた思考が加速するはずです。

STEP 2 それでもダメなら「ハシゴ」をかける

ただし、時には、どんなにタスクを細分化して階段を刻んでみても、どうしても乗り越えられそうにない階段が1段残ってしまった、あるいは、工数を集計したら明らかに時間超過の予想が出てしまったということもあります。そんなときは、「階段をつくる＋ハシゴ化」で乗り越えられないかを考えてみましょう。

【ハシゴ化の方法】

↓合計して時間超過なら、「ＥＣＲＳの原則」で短縮できないか検討する

どうしても乗り越えられそうにない階段（タスク）が残ってしまったら、「ＥＣＲＳの原

則」を思い出してみましょう。具体的には、**そのタスクを他のタスクやプロジェクトとまとめて工数を減らせないか**（合同化＝Combine）、**過去事例や類似例を援用して簡単に済ませることはできないか**（簡略化＝Simplify）といった視点で考えてみます。

例えば、全体の時間が超過してしまい、「どうしても部長への報告・説明の時間が取れない」のであれば、「事業部長への報告時に一緒にできないか」と検討してみたり、部長への報告・説明のタイミングを前後させたりと順序を変えて（Rearrange）対処できないか、といった対応策を考えます。これがハシゴ化です。

階段を刻んで一段一段上っていくのが確実ですが、時には時間に追われて一段一段を上っていけない、一足飛びに上りたいという場面に遭遇します。そんなとき、「ハシゴをかける」ことで、一段飛ばしを考えてみようという発想も大切です。

▽

まずは最終ゴールまでの間に3段のハシゴをかけてみる

4

他人の頭を上手に借りる「うまい聞き方」

この項のポイント

行き詰まりを抜け出すヒントを引き出す

ビジネスパーソンとして時間をムダにしないためには、わからないことや対処に困ることがあったら「わかっている人に聞く」ことも大切です。

ただし、ただ「教えてください」と尋ねたりしたら、忙しい上司や先輩なら「そのくらい自分で考えろ」と突っぱねられてしまうかもしれません。

他人に教えを乞うことは、たとえわずかであっても相手の時間を奪うことになります。

また、安易に正解をもらおうとする行為は、自分の思考を停滞させることにもつながります。

どちらも、ビジネスパーソンにとっては、時間のムダといえるでしょう。

大切なのは、拙《つたな》くても自分なりの「考え」をさっとまとめ、そのうえで先輩や上司に

「考え方＝解法プロセスのヒント」の確認をお願いすることです。

このことは、みなさんが中学や高校で取り組んだ数学の勉強にも似ています。その問題の「答え」だけを聞いても、応用ができず類題を解くことはできません。考え方＝解法プロセスを学べば、数字や条件が変わっても自力で正解にたどり着けるでしょう。

自分の考え方をまとめ、上司や先輩に確認してもらうことで初めて、「他人の頭」、つまり彼らの知見や経験、ノウハウを上手に借りることができるようになります。そのためには次の2ステップで取り組んでみましょう。

STEP 1 自分の「考え方」＝「山の登り方」をまとめる

具体的に自分なりの考え方をまとめる方法をご紹介します。

考え方をまとめるにあたっては、山登りをイメージすると取り組みやすく、おススメです。

【考え方＝山の登り方をイメージする】

①ゴール（山頂）はどこか

↓意外とゴールが見失われていることもあります。またあらためてここで、ゴールを確認し、相談する際も最初に提示することで齟齬やミスコミュニケーションを防ぐことができます。

②自分はいま、どこにいるのか（現状）

↓まだ自宅にいるのか、3合目の駐車場から登山口に入ろうとしているのか、8合目まで来ているのか、自分の現在地を明確にしましょう。

③どのように山頂に進もうとして、どこで躓いているのか（①と②の間にある問題は何か）

↓自分で思い描いている登山プラン（ルートや手段、装備）を具体化してみましょう。

ここに示した①〜③を踏まえて、実際に上司や先輩に声がけをする準備をします。具体的には次の例のようにメモ書きでもかまわないので整理しておくと、自分の考え方を上司や先輩に的確に伝えることができるでしょう。

〈例1〉

①2日後に顧客へ見積提案書を提出する
②提案の中身が決まっていない
③顧客の課題解決を図る提案を行いたいが、顧客のニーズが汲み取れていない

〈例2〉

①部品を自社でつくるか、海外から輸入するか、コスト評価をしたい
②今回のように為替が関係する案件を対応したことがない
③為替の変動リスクをどう織り込んだらいいかわからない

STEP 2 「考え方＝解法プロセス」を上司や先輩に確認してもらう

例1や例2で示したように自分の考え方をまとめたら、先輩や上司など相談者に**「考え方を確認させてください」**と声がけして、①ゴール、②現状、③躓いている原因について順序だてて話を展開するといいでしょう。

その際に、「(答えを)教えてください」と相談するのではなく「考え方を確認させてください」と声がけすることが大切です。

頭を整理する途中で、もしかしたら「そもそも①のゴール(山頂)が曖昧だった」「②の現状がわかっていなかった」ということに気づくこともあります。私自身はそれも大きな前進だと思っています。「何がわかっていなかったかがわかった」ということなのですから。

自分で何も考えずに「ゼロから教えてください」では、相手もつい「そんなことは自分で考えろ」「いちいち聞くな」と言いたくなるでしょう。それに対して、「ここまで考えてみましたが、どうもこのあたりで躓いてしまいました。私の考え方でいいのか、確認を取りたいのですが」という姿勢で臨めば、印象が格段によくなり、先輩や上司からのサポートも受けやすくなります。

「考え方を確認させてください」と尋ねることで、「考え方＝解法プロセス」を学ぶことができ、どんな状況下でも自力で「妥当解」にたどり着ける力を磨くことができます。

◆結論よりも「考え方」を重視。企画書の中に必ず「考え方」を書くのがトヨタ流

トヨタグループでは、この「考え方を確認する」ことをとても重視して実践しています。社内で行き交う企画提案資料などには「考え方」を書く欄があります。「結論」よりも、なぜその結論に至ったのかの「考え方」を重視して議論するのです。

自分なりの「考え」をまとめたうえで、先輩や上司に「考え方＝解法プロセスのヒント」を確認することは、相手にとっても結論に至る道筋を検証できたり、他人と議論することで自分の考え方をブラッシュアップできたりするなど、メリットも生まれてきます。つまり、相手にとっても時間のムダにならない尋ね方といえるのです。

▽

「答え」を聞くのではなく「考え方」を確認する

＊　＊

さて、2章では、仕事においてムダに悩む時間を減らす方法を説明してきました。仕事をしていると無理難題を押し付けられたり、ミスが続いて自己嫌悪になりネガティブループに陥ってしまったりすることもあるでしょう。いずれもメンタルが乱されて思考停滞状態になると仕事を前に進めることができません。

そんなときには、2章で説明している思考停滞状態からの脱出法をぜひ、試してみましょう。

そして、次の3章では、仕事をするときのムダなアイドリング時間を減らし、いかに素早くフルスロットルの集中モードに突入するかについて説明します。

3章

ムダなアイドリング時間を減らす

――自動的に集中モードに入る仕組みづくり

みなさん、日々の仕事を振り返って、自分にとって「仕事が一番捗る時間帯や条件」を思い浮かべてみてください。毎日、オフィスに一番乗りをする人なら「始業までの誰もいないオフィス」かもしれませんし、体を動かす仕事をする人なら好きな音楽やラジオを聴きながらかもしれませんね。

人によって仕事が捗る時間帯や条件は異なると思いますが、共通しているのは「仕事に集中できる状況」であること。その状況をどうやってつくるかは、仕事の効率アップの重要なポイントです。

うまく「仕事に集中できる状況」に身を置くことができれば、気持ちも自然と集中モードに入っていきます。自分の中の仕事スイッチがオンになるイメージです。

3章では、自分の仕事スイッチをオンにして、素早く「仕事に集中できる状態」になるための工夫やコツを紹介します。面倒な仕事や大量の仕事、つい後回しにしていた仕事に取り掛かるとき、すぐには「仕事に集中できる状態」に入れないものです。

そんなとき、どうすれば集中モードに切り替われるのか。どうすれば「ムダなアイドリング時間」を減らせるのかを考えていきましょう。

1　面倒な事務仕事をサクッと終わらせる感情切り替え術

この項のポイント

ネガティブな気分を一瞬で静める心理テク

やり始めたらすぐに終わるはずなのに「なかなか手を付けられない」、そんな仕事は意外に多いもの。例えば、経費精算などの事務作業をやらなくてはならないとき、心の第一声は「あー、面倒くさい」ではないでしょうか。

このような「面倒だな」「嫌だな」という心の声、感情はストレスホルモンを分泌させ、仕事のパフォーマンスを下げると言われています。その理由は、人間は五感で得た情報を、感情脳（扁桃体《へんとうたい》）によってプラスかマイナスに振り分け、思考回路の働きや分泌するホルモンの質を変えているからです。つまり、**マイナスな心理や感情が働くと、思考回路もホルモンもネガティブ（消極的）となり、発想や行動、体調までもネガティブになってしまう**そうです。

それでは、「面倒だな」「嫌だな」というマイナス感情が働きそうな仕事に取り組むときは、どうしたらいいのでしょうか。いつまでもグズグズしているようでは時間のムダです。ここでおススメしたいのは、「さあ、やるぞ！」と「感情のスイッチを切り替える」ための2つのステップです。順番に説明します。

STEP 1 ネガティブ感情の発生を防ぐ「ルーティン」

例えば、一流アスリートがピンチの場面や大一番の勝負どころで、独自のポーズや仕草をする姿を見たことはありませんか。あらかじめ決めておいたポーズや仕草をすることは、ただのゲン担ぎやジンクスだと軽く扱ってはいけません。脳科学的に、ちゃんと「感情のスイッチを切り替える（マイナス→プラス）」効果があるとされています。

アスリートに限らず、我々人間の脳には言葉や動作につられて思考や感情が切り替わる、という特性があります。そこで、明るい気分や前向きな気持ちになれるポーズや仕草をルーティンとして決めておきます。そして、「面倒だな」「嫌だな」というマイナス感情やネガティブ感情が生まれそうになったときには、**あらかじめ決めておいたルーティンを実行することで、「感情のスイッチを意図的に切り替える」**ことを可能にするのです。

◆どんなことをルーティンにすればいいの？

ルーティンを実行することで「感情のスイッチを意図的に切り替える」ことが可能になるとわかっても、どんなことをルーティンに設定したらいいの？と思う人も多いでしょう。

おススメは手のひらなど、一点を見つめる**「30秒凝視」**です。人間は焦っているときや動揺しているときなどに、視点が定まらず、目がキョロキョロと動きます。いわゆる、「目が泳ぐ」という状態です。これは、心理的状態と目の動きが連動しているからだと言われます。裏返すと、視点が定まれば、心も落ち着き、その結果として集中状態に入りやすくなります。

それ以外にも、例えば、**「ノートを開く」「キーボードの端を2回タップする」**、**あるいは「足の指でグー&パーをする」「座ったまま手を上に伸ばす」**など、みなさんが無理なくできて、感情が一番上向くものをルーティンに設定すればOKです。

さらに、「これ、面倒だな……」と思った瞬間に、心の中でもいいので**「ラッキー!!」と声に出す**こともおススメです。なぜなら、1章でも説明したように作業カイゼンの検討時には、「なんか面倒だな」という心の声こそ大きなヒントにつながるからです。常に業務の効率化や作業カイゼンを追い求めるトヨタでは、ネガティブ感情こそ、宝物です。「業務効率化のヒント（宝物）を見つけたぞ、ラッキー‼」と捉えると感情のスイッチを切り替えることができます。

手軽なルーティンで感情のスイッチをうまくコントロールし、ネガティブ感情に振れるのを防げば、すーっと自然に作業をスタートすることができるようになります。

STEP 2 発生したネガティブ感情を塗り替える「3秒ルールと魔法の言葉」

ルーティンで感情のスイッチを切り替えようとしても、慣れないうちは「ネガティブな感情は避けるべき」と意識すればするほど、つい「面倒だな」や「嫌だな」と口に出してしまうこともあるでしょう。人間の脳には「ダメ」「やってはいけない」と思うほどに、ついやってしまう傾向があると言います。

でも安心してください。そんなときには、「面倒だな」や「嫌だな」といったネガティブワードを、例えば、先ほどの通り**「ラッキー‼」や、「よし！」、「さあ、サクッと終わらせよう！」などといった言葉に言い換える**といいのです。

そのときに重要なポイントは次の通りです。

①3秒ルール

ネガティブな気持ちや言葉は、マイナス思考やストレスホルモンの分泌を促進するものの、実際には、感情脳（扁桃体）から指示が伝わり、思考やホルモン分泌に影響が出るまで約3秒かかるとされています。

つまり、**3秒以内であれば、訂正が可能**なわけです。そこで、**3秒以内に「ポジティブワード」を発することで、ネガティブ感情を塗り替えて**しまいましょう。脳は頭で思っただけのことより、口に出した言葉により多く影響を受けます。言葉として発することで、ネガティブな感情ホルモンの分泌が止まって、ポジティブな感情ホルモンに入れ替わります。さらに言葉だけでなく、先ほどの「感情のスイッチを切り替える」仕草や動作（ルーティン）も加わると、ネガティブからポジティブへと感情スイッチの切り替わりがより効果的になります。

もし、「面倒だな」「嫌だな」と思ったり、口に出してしまったりしたら、焦らず、落ち込まず、3秒以内に「ポジティブワードを声に出す」。これを実践してみましょう。

②対義語でなくてもOK

3秒以内でポジティブワードを発する、といっても、3秒もあっという間ですし、意外と咄嗟《とっさ》には出しづらいものです。そこで、特に口ぐせになっているネガティブワードに対しては、それに合わせたポジティブワードをあらかじめ用意しておくことがおススメです。

なお、用意するポジティブワードは、必ずしもネガティブワードの対義語である必要はありません。例えば、「よし！（やるぞ）」「さあ！（サクッと片付けるぞ）」などの掛け声でも、ポジティブな気分になれるのであればOKです。

2000年代後半のフジテレビ系推理ドラマ『ガリレオ』で、福山雅治さん演じる主人公・湯川学が難題に挑む際、「じつに面白い」という決めゼリフを使っていました。小説の原作者がトヨタグループ出身者という親近感もあり、当時よく面白がって同僚とこのセリフを真似ていました。あらためて考えると「じつに面白い」という言葉は、ネガティブからポジティブへと感情スイッチをスムーズに切り替えることができる言葉ですね。

いずれにしても、みなさんの気持ちがゼロよりプラスになる言葉、かつ、どこでも遠慮なくすぐに呟ける言葉がおススメです。もしネガティブワードを言ってしまったら、必ずこの言葉を唱える、という「魔法の言葉」をつくっておき、ネガティブ感情を3秒以内に

（図表3-1）ネガティブワード→ポジティブワードの変換シート

ネガティブワード		ポジティブワード
〈例〉「かったるいなあ」	⇨	「（改善のヒントとして）使えるじゃん」
「どーせ無理でしょ」	⇨	「じつに面白い」
「辛いな〜」	⇨	「よーしっ！」
	⇨	
	⇨	
	⇨	

ポジティブ感情に塗り替える習慣をつくりましょう。

世の中には成功者の名言集などが数多く出回っていますが、やはり口ぐせは大切です。いつもネガティブなことばかり言っているのか、ポジティブな発言が多いのか、ほんの些細な違いが自分の思考や行動、体調をも変えているのです。

ぜひポジティブな口ぐせやルーティンで、仕事の着手もどんどん早めていきましょう。

▽

「3秒ルール」と「魔法の言葉」で感情スイッチを切り替える

2

気が重い仕事でスタートダッシュを決める「4分ルーティン」

この項のポイント

やる気スイッチを素早くオンにする簡単アクション

職場の会議で発表する資料をつくらなければいけないのに、大仕事だと思うとついつい後回しになってしまうこと、ありませんか？　発表2日前から慌てて取り掛かり、残業までしてなんとか間に合わせた、そんな経験をした方は少なくないでしょう。

「自分は追い込まれないとやらないタイプだから」などと言いながら、いつもギリギリでは、周囲から「あいつに任せて大丈夫か？」と思われ、知らず知らずのうちに評価を下げてしまうかもしれません。

大きな仕事を目の前にすると着手が遅くなる人ほど「めちゃくちゃ大変そうで嫌だなー」と、その仕事が終わるまでの面倒や手間を考えがちです。着手する前段階で、不安と憂鬱な気分ばかりを抱え、気が重くなり、なかなか取り掛かれず、着手がますます遅くなるという負のループに陥ってしまいます。不安や憂鬱で立ち止まってあれこれ悩むだけの時間は、やはりムダでもったいないものです。

どうしたらいいのでしょうか。気の重い仕事にもさっと取り組めるようにするための2つのステップを説明します。

STEP 1 「終わるまでの面倒や手間」ばかり考えない

最初のステップは、「終わるまでの面倒」ばかり考えるのをやめることです。気が重くなるような大きな仕事に直面したとき、着手が早い人は**「初速をつけるまでの時間」**を気にします。気の重くなる大きな仕事ほど初速が重要です。**「いかにスタートダッシュを決めるか」が仕事の成否を分ける**ともいえます。

それでは、「初速をつけるまでの時間」を短くするにはどうすればいいのでしょうか。ポイントは、**「最初の4分間」**にあります。

アメリカの心理学者であるレナード・ズーニンが提唱した**「ズーニンの法則（初動4分の法則）」**をご存じでしょうか。わかりやすく説明すると、仕事でも勉強でもスポーツでも、何かに取り組むときに最初の4分間を頑張ると、その後も継続して取り組めるようになるというものです。4分間だけ頑張り続ければ、やる気スイッチがオンになるということ。初速をつけるには、最初の4分間を頑張ることを意識してみましょう。

STEP 2 「すぐにできて」「2分程度で終わる」アクションを2つ考える

それでは、この4分の間にどんなことをすればいいのか。人間の脳は大きな変化を嫌うとされているので、いきなり大きなアクションを起こすのは難しいという側面があります。

そこで、**4分を「すぐに取り組めて2分で終わる」2つの「小さなアクション」に分け、そこからスタートする**ことをおススメします。

冒頭に説明した、会議で自分が発表する資料の作成であれば、最初の2分で「パワーポイントを開いて、表紙に仮のタイトルと日付だけを記入する」、次の2分で「資料の構成(目次)だけを、別紙に書き出してみる」とか「発表で伝えたいメッセージを3つ挙げてみる」といった作業です。これだけなら気が重くなることもなく、スムーズに着手できるはずです。

STEP1とSTEP2に取り組むときには、作業全体を一気に終わらせようと考えないことも大切です。作業量の多さに気が重くなって、取り掛かろうという意欲が下がってしまうからです。

まずは2分×2アクションで合計4分を頑張りましょう。ズーニンの法則通り、4分で1アクションでもいいのですが、2分で終わる内容のほうがより簡単で着手しやすく、しかも作業が2ステップ進むわけですから、達成感も2倍感じられます。この2つのアクションを確定させてルーティン化すると、初速をつけるのにより効果的です。

▽

「2分×2」のアクションをルーティン化させる

3

休憩後の再スタートで、いち早く集中モードになる

この項のポイント

脳のエンジンがすぐにかかる「瞬間再起動」のコツ

　ここまで、ネガティブな感情スイッチがオンになって仕事に着手できないときや、気が重くなるような仕事でつい着手が後回しになってしまうときに、ぜひ試していただきたい工夫を説明しました。ここでは、順調に仕事が捗っているときの「落とし穴」について考えてみましょう。

　みなさんは、仕事に集中できているときに、どんなことを考えますか？「いまの流れを止めたくない」「キリのいいところまでは、この調子でやってしまおう」と思う人は多いでしょう。休憩を取るのも「キリのいいところまで終わらせてから」と考えるのが当たり前ともいえます。

　たしかに、ひと区切りついたところで休憩を入れたほうが、気分的にも落ち着いて休める

し、仕事の効率も上がるはずと思えます。しかし、ここに意外な「落とし穴」があります。

じつは、**「キリのいいところまでやった」というスッキリ感が、心理的な完了状態を生み出してしまい、再スタートを鈍らせてしまう**可能性があるのです。

みなさんの中にも、キリのいいところで休憩を取ったら、休憩が思いがけず長引いてしまい、仕事の再スタートが遅れ、しかも再スタートしてからもなかなか調子が上がらない、そんな経験をしたことのある人もいるのではないでしょうか。休憩前に作業をいったん完了してしまったことで、また仕事に戻ろうとする（再スタートする）のに、時間がかかっているのです。

ここでは、休憩後、速やかに再スタートするための具体的なステップと方法を紹介します。じつは、**意図的に、心理的「未完了」状態をつくり出す**ことがポイントなのです。

STEP 1　「キリのいいところ」を見定める

まず、費やせる時間と作業プロセスを勘案して、通常であれば、このあたりで区切ると「キリがいいよね」という中間目標を見定めます。キリのいいところ（中間目標）を定めることで、進捗《しんちょく》度《ど》が測れ、達成意欲もわく、というメリットもあります。もし、見事に計画通りとなれば、心理的に「完了」状態が生まれやすく、一方で、計画未達成になると「未完了」状態を生みやすくもなります。

STEP2 意図的に心理的「未完了」状態をつくって、休憩に入る

STEP1で定めたキリのいいところ（中間目標）に対し、**あえてその一歩手前の中途半端なところで作業を終えて、「着手中」の状態で休憩に入る**ようにします。休憩中も中断した作業のことがなんとなく頭の隅にあって、常に気にしているような状態にしておくことで、再開したときの起動時間を短くすることができます。

心理的「未完了」状態を意図的につくり出すにはどうすればいいのか。ポイントを示します。

【心理的「未完了」状態をつくり出す方法】

・基本パターン：「キリのいいところ」の一歩手前で作業を中断する

↓休憩後にすぐに取り掛かるべき作業のメモを残すと効果的

・応用パターン：「キリのいいところ」まで作業してしまった場合

↓あえて次の作業の最初の一歩まで手を付ける

どちらにしても、あえて中途半端なところで作業を終えて、「着手中」の状態で休憩に入るようにします。休憩中も中断した作業のことがなんとなく気になっている状態をつくり出すのがポイントです。

▽

あえて「キリのよくない」のところで休憩に入る

4

ダラダラ仕事にしないための「ポモドーロ・テクニック」

この項のポイント

脳が最も効率的に働く休憩の取り方

多くのビジネスパーソンは「会議や打ち合わせが多すぎて、自分の仕事をする時間がない」と思っているでしょう。つまり、時間さえあれば「もっと仕事が捗るのに」と。

ところが、実際は時間に余裕があるときほど、危機感や緊張感が失われ、作業効率が落ちやすいということもあります。研修先の受講者からも、リモートワークで自宅に仕事を持ち帰り、翌日1日かけて資料を仕上げようと思ったのに、結局、ほとんど進捗せずに1日が終わってしまった、という話をよく聞きます。

「時間があるのに仕事が捗らない」は、「会議や打ち合わせが多すぎて仕事が捗らない」よりも深刻な悩みといえるでしょう。時間をムダにしている、ムダな時間を過ごしているのとほぼ同じで、先輩や上司、同僚からも「仕事のできないヤツ」というレッテルを貼られかねません。

「時間があるのに仕事が捗らない」、そんな状態を回避するために、トヨタグループでは休憩時間を重視しています。前項では、心理的「未完了」状態で休憩に入ることの効用を説明しましたが、ここでは仕事の効率を高めるための休憩時間の設定の仕方を3ステップで説明します。

特別な設定方法があるのではなく、シンプルに「何時間に1回」といったように設定するだけです。ただし、大事なポイントが1つあります。それは、**「先に休憩時間を決める」**ということ。先に休憩時間を決めてから、全体の作業時間を設定していくのです。具体的に3ステップを説明します。

STEP 1　始業から終業までの時間の中で、先に休憩時間を設定する

効果的に休憩を取るための最初のステップは、「先に休憩時間を設定する」ことです。

それでは、どれくらいのペースで休憩時間を設定していけばいいのでしょうか。その際に参考になるのが**「ポモドーロ・テクニック」**です。これは**「25分作業したら必ず5分休む」**という、タイマーを活用した時間管理手法です。

連続で作業を続けるより5分の休みを入れることで生産性が高まるし、作業を小さく分けてこなしていくので、精神的な疲労もたまりにくいとされています。

ポモドーロ・テクニックの基本は25分ですが、研修講師として多くの受講者と接していると、厳密に25分でなくても、**20〜30分で5分程度の短い休憩やリフレッシュタイムをはさむのが、人間の脳にとって集中力を保つのにちょうどいい**と感じます。もし、1時間半くらいかかる仕事の場合は、それをざっくり30分×3セットくらいに分けて、その間にリフレッシュタイムを入れるイメージです。

このように休憩を先に設定することで、〝コマ（時間枠）〟が明確になります。会議も打ち合わせもない、まとまった作業時間を確保できたときは、そこに落とし込むタスクの洗い出しをするよりも先に、まず休憩時間を決めて、〝コマ（時間枠）〟を明確にします。

STEP 2 休憩で区切ったコマにそれぞれタスクを割り振る

STEP1で休憩を先に設定したことで作業時間をいくつかに区切ることができたら、**タスクをそれぞれのコマに割り振ります**。こうしてメリハリをつけることにより、作業ステップが明確になります。

STEP 3　コマを終えるごとにタスクの進捗状況を確認して必要に応じて調整する

区切りを設けることで、ステップごとにこまめに作業計画（予定）と実際の進捗状況を確認、照合できますし、必要であれば修正を加えることもできます。休憩時間に作業のやり方や進め方についてカイゼンや改良を考える機会をつくり、「気づいたら1日終わってしまった！」という事態を防げる点もメリットの一つです。

余談ですが、ポモドーロ・テクニックは起業家で作家のフランチェスコ・シリロ氏が提唱したもので、「ポモドーロ」はイタリア語で「トマト」の意味。イタリアの一般的なキッチンタイマーがトマト型だったことが由来です。

▽

「20〜30分で5分休む」を1セットとして仕事を組み立てる

コラム3　休憩のタイミング「90／20／8の法則」も効果的

私が企業研修のプログラム構成を考える際も、まず休憩ありきです。計画的な休憩をきちんと設定するかどうかで研修受講者の満足度、集中度、学習理解度は大きく変わります。

具体的には、研修の中で「ポモドーロ・テクニック」を応用しつつ、アメリカの教育研究者であるロバート・パイクが提唱した**「90／20／8の法則」**を活用しています。

この法則は、

「集中を保ち、理解しながら話を聞くことができるのは『90』分」「記憶力を保持しながら話を聞くことができるのが『20』分」「受け身な状態が続くと、脳が興味を失い始めるのが『8』分」

というものです。

この法則に基づき、まず60～90分ごとにトイレ休憩（10分）を設定し、続いて20分前後の時間枠に区切り、その時間枠に研修コンテンツを割り振っていきます。「ポモドーロ・テクニック」に従うと、本来ここでも5分の休憩をはさみたいところですが、休憩をはさみすぎては時間内に研修カリキュラムが終わりません。5分の休憩の代わりに、振り返りや意見交換のディスカッション、グループワーク、講義内容の理解を深めるための講師の実体験エピソード（笑える失敗談）などを効果的に挟み、受講者が頭や気持ちをリフレッシュできるよう工夫しています。

この「90／20／8の法則」も、まとまった時間を確保できたときの作業計画立案の参考として活用できるでしょう。

5

先送り仕事をためない トヨタ流コミットメント

この項のポイント

重要だけど緊急性が低いタスクをやり遂げる秘訣

みなさん、ついつい先送りしてしまう仕事ってありませんか? うっかりすると、やることリストに長期滞留案件がどんどん積み重なっていきます。これらの多くが、「重要ではあるが優先度が低い仕事」です。

例えば「営業資料に掲載している古い参考データの差し替え」などもそうでしょう。最新データに修正しなくてはなりませんが、つい後回しになってしまいがちです。

みなさんも多忙な日々を過ごす中で、「重要性は高いが緊急性が低いものは後回し」にしてはいませんか。

そこをどう克服するか。それには、その仕事の緊急性を「自分の中で高める」ための工夫が求められます。3つのステップで説明します。

STEP 1　損失回避バイアスを働かせる

損失回避バイアスとは、2002年のノーベル経済学賞受賞者で行動経済学の先駆者であるダニエル・カーネマンらによって提唱されたもので、多くの人にとって**「損失の悲しみ」は「利得の喜び」の2倍以上になる**と言われます。

「重要性は高いが緊急性が低い」仕事について、おそらく大多数の人が「そりゃ、やったほうがいいとは思っている」と答えます。これは、まさに「利得の喜び」をイメージした発言です。

一方で、トヨタの仕事ができる人は、「やらずに放ったらかしたら、○○になるよね」という「損失の悲しみに」にも想像を働かせます。「損失の悲しみ」のほうが、心理的な影響は2倍であり、行動の優先順位を上げやすくなります。

また、カイゼンして得られる成果や称賛、何もせずに失う評価や信頼、これらを具体化することで、ポジティブな未来とネガティブな未来の振れ幅を大きくします。**振れ幅を大きくするほど、「いまやらなければ、損をする。損はしたくない」という気持ちがより高ま**

（図表3-2）ポジティブとネガティブの振れ幅を大きくする

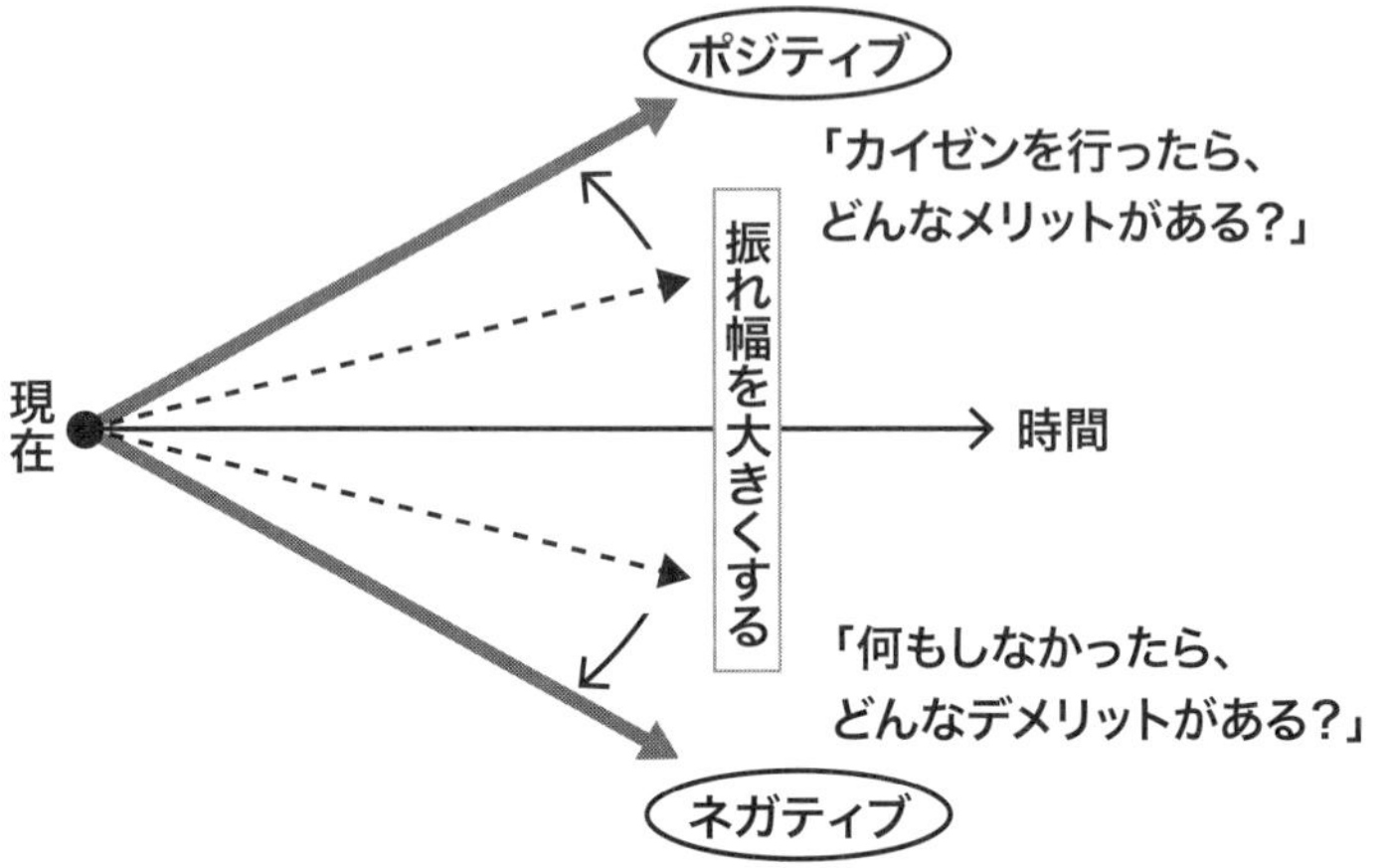

り、行動の優先順位を上げやすくなります。

STEP 2 「実行意図」で、緊急性をシフトさせる

みなさん、学生時代に宿題をやろうと思って机に向かおうとしていた矢先、親から「宿題をやりなさい」と言われて、やる気が失せた経験はありませんか？

行動科学者ピーター・ゴラウィッツァーが提唱する、「実行意図（implementation intentions）」という概念によると、本人が何を、いつ、どこで、どのように行うかを具体的に計画することで、目標達成の確率が高まる、という研究結果があります。

一方で、他人に指示命令されるとやる気が

下がりやすい、ということも行動科学の研究でわかっています。

指示命令されて嫌な気分になりながらやるのを避け、実行意図を発揮できるように仮でもいいので**自分で「期限」を具体的に決めて**みましょう。期限を決めることで、緊急性を低→高にシフトさせ、優先順位を上げることができます。いわば自分で、やり遂げる環境を整えるイメージです。

STEP 3　「一貫性の原理」を活用する

人には他人に何かを宣言したり、約束したりするとそれを遂行したり守りたくなる、つまり一貫した態度を貫き通したくなる**「一貫性の原理」**という心理が働くと言われます。

この心の働きを利用し、自分で定めたタスクや期限を誰かに宣言することで、やり遂げる力を高めることができます。

また、宣言する相手には、**期限だけでなく「その結果、どのような他者貢献をもたらしたいのか」という思いも伝える**と、宣言の効果、つまり絶対にやり抜こうという強制力が高まります。

他者貢献とは、例えば、他の営業メンバーの手間を減らすとか、クライアントの利益やベネフィットを増やすといったことです。期限だけでなく、それを行う目的や他者への貢献を明確にすることで、そのタスクの緊急性と重要性を同時に高めることができるのです。

ただし、宣言をするときには注意も必要です。宣言って勇気がいりますよね。宣言することは、ある意味、約束（コミット）することになります。そのため、宣言する相手は、自分が「この人の信頼を損ねたくない」「この人には嘘をつきたくない」と思う相手であり、かつ、**同僚や親しい関係性のいわゆる「言質《げんち》を取られない」相手がいい**でしょう。

上司や関係部署、取引先の人に宣言するのは、万が一、できなかったときに信頼を失うリスクがあります。適切な相手を選ぶことで、適度な強制力が生み出されます。

みなさんも、ぜひ実践してみてください。

▽「損失の悲しみ」「期限」「一貫性の原理」…人間心理を上手に利用する

コラム4　コミットメントで間に合った？ 初代プリウスの開発秘話

期限を宣言することで、難題をクリアできる効果もあります。

その好事例が、1997（平成9）年12月10日に発売になった初代プリウスの開発です。初代プリウスの開発の際、環境問題への関心が高まり、「環境にやさしいクルマをつくりたい」という思いとともに「開発に後れを取って、〝環境先進企業〟というイメージを他社に奪われたくない」という損失回避バイアスも働きました。そして、トヨタ内ではまず「発売日」が決められ（実行意図）、それが公に宣言されました。この社会とのコミットメントによって、トヨタは「一貫性の原理」を自ら働かせ、開発を加速させたのです。その結果、正式な開発着手から約2年という短期間で、乗用車として世界初のハイブリッドカーの発売となったのです。発売当時のCMのキャッチコピーは「21世紀に間に合いました」でしたが、実際は、「21世紀に間に合わせた」のでした。

*　　*

さて、ここまで1章から3章では、仕事で成果を出す（アウトプット）ための準備（インプット）の業務において、ムダな作業時間やムダに悩む時間、ムダなアイドリング時間を削減するための、実践的な取り組みについて説明してきました。

4章以降では、仕事で成果を出す（アウトプット）ための業務における、問題発見力や問題解決力を高め、自分の仕事力をカイゼンする工夫や実践について説明します。

第2部　アウトプットの仕事カイゼン

▼「問題発見力」「問題解決力」を高めて、同じ時間で仕事の成果を2倍にする

第1部では、「作業」や「思考」のムダに焦点を当て、それらに費やす手間や時間（投入＝インプット）を徹底的に減らす具体的な実践方法やコツを紹介してきました。

第2部では、インプットしたものを生かして、仕事で成果を出す＝アウトプットに着目します。

日々頑張っているのになぜか成果が上がらない人は、成果を妨げる問題がどこにあり、それを「どう解決すべきか」を正しく把握・理解できていないことが多いようです。

そこで、第2部では、「問題発見力」と「問題解決力」にフォーカスし、同じ時間でも仕事の成果を2倍に引き上げることを目指した、さまざまなトヨタ流のカイゼンのノウハウを説明します。ぜひ、実践してみてください。

4章

成果が上がらない真の原因を明らかにする

——カイゼン効果を最大化する問題発見のフレームワーク

日々、多くの仕事をこなしていると、うまくいった仕事もうまくできなかった仕事もあるでしょう。大量の仕事に追われたり、数字の積み上げを求められたりしていると、ついつい「とにかくやるしかない」と目の前のタスクをこなすだけに終始してしまうことはありませんか。そんなときは、あらためて自身の仕事を振り返ってみましょう。「数はこなせるようになったが最終成果につながっていない」「成功確率が上がらない」「成長実感を得られていない」、そんな悩みが見えてきませんか。

4章では、仕事を「こなしてはいる」が「思うような成果が得られない」ときに、その問題を明確にし、真の原因を明らかにするための方法やコツを説明します。

問題点や原因が明らかになれば、対策を考えることもでき、そこからカイゼンへとつなげていくことができます。真の原因を明らかにするコツやポイントはどのようなものか、考えてみたいと思います。

1

「引き算思考」で真の問題を明確にする

この項のポイント

「何が成果を妨げているのか」をあぶり出す方法

企業研修などで、よく私のもとに寄せられる相談の一つに次のようなものがあります。

「頑張っているのに、なかなか営業成績が伸びません。現状を打破しようにも、いったい自分のやり方のどこに問題があるのかがわかりません。どうしたらいいのでしょうか」

仕事がなんとなくうまくいかない状態にあるのに「どこに問題があるのか」がわからないと悩んでいるビジネスパーソンは意外に多いでしょう。

こうしたケースでは、「どこがマズイのだろう」とダイレクトにうまくいかない理由（問題点）を探そうとしても、多くの場合は真の問題点にはたどり着けません。

◆まずは理想像をイメージする

まずは「本来どうあるのがいいのか」という理想状態をできるだけ具体的に思い浮かべてみましょう。

例えば、理想像を「お客様とちゃんと話をしている姿」とアバウトにイメージするのではなく、「ちゃんと話すとはどういう状態なのか」と一歩、踏み込んで考えてみることです。

この理想状態と問題を抱えているいまの状態を比べると、「ここが足りなかったのか」「この要素が欠落しているな」といった問題点が見えてきます。

理想状態から現状を「引き算」することで導き出される「差（ギャップ）」こそ、問題点なのです。

（図表4-1）理想から現状を引き算する

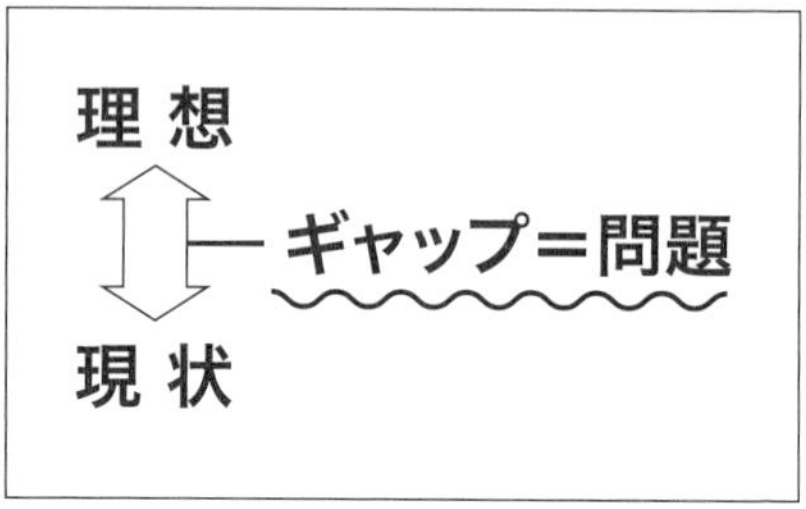

◆4ステップの「引き算思考」で問題点をあぶり出す

具体的な方法を示します。ここでは、お客様との商談がなかなかうまくいかないケースを想定し、「引き算思考」の4ステップの実践法を説明します。あなたも、商談が苦手なビジネスパーソンになったつもりで、このステップに沿って具体的に紙に書き出すなどして、

「問題点のあぶり出し」をやってみてください。

STEP 1　事前セットアップ

①場面を切り分ける

理想状態をイメージするために、まずは「対象となる仕事や業務」を細かく切り分けます。その仕事や業務を場面ごとに切り分けてから理想像を考えるようにするのです。

商談が苦手なビジネスパーソンですから、商談を場面ごとに切り分けていきましょう。

事前準備→資料提示→説明→アイスブレイク→質疑応答→クロージング……etc.

というように分けられると思います。

②特に不安な場面や困る場面を特定

切り分けた場面のうちでも特に不安を感じる場面、問題が潜んでいるのではと思える場面を特定します。ここでは提示した資料の「説明」がうまくできないとします。

STEP 2 理想状態をイメージする

①うまくいったときの感触、相手の反応をイメージする

次に特定した場面の理想像をイメージします。これも漠然と考えてみてもなかなか思い浮かびません。大切なのは、うまくできたときの状態、感触、感覚を思い出したり、疑似体験したりすることです。ご自身の実体験が少ない場合には、**先駆者や成功者の話を参考に、うまくいったときの場面をイメージ**してみましょう。

商談の例では、説明の場面でうまく話せたときの、相手の反応、リアクション、発言、表情、仕草がどうだったのか、それらをできるだけ具体的にイメージしてみましょう。イメージが湧かないという方は、自分自身がお客さんとして、クルマや保険、住宅の営業を受けたときのことを思い出してみるのもいいかもしれません。

②相手の反応を引き出した自分の取り組み・アクションは何だったのかを特定

うまくいったときの相手の反応を具体的にイメージできたら、今度は**その反応を引き出した「自分の取り組み、アクション」は何だったのかを想像**しましょう。

商談の「説明」の場面で、例えば相手が「メリットがよく理解できた」と笑顔を見せてくれたなら、「あなたはどのような資料を使ってどう説明していた」のでしょうか。「あの難しい商談がうまくいったのは、見てすぐわかる資料を準備して、手短に説明したからだ」というのなら、それが商談の「説明」における理想像です。

理想像をイメージするときのポイントは、必ず「うまくいったときの相手の反応」↓「その反応を引き出した自分のアクション」の順番で考えることです。

STEP 3 現状を振り返る

①普段の自分の取り組み・アクションはどうか

うまくいったときの相手の反応と、その反応を引き起こした自分のアクションを想像できたら、それとの対比で、「じゃあ、いまの自分はどうなのか」と振り返ってみましょう。うまくいっていない「現在の自分」は、どのように行動しているのでしょうか。

商談の「説明」の場面なら、例えば「文字ばかりが目立つ資料で、読めばわかることまでくどくど説明していた」といったことが、明らかになるかもしれません。

②それに対する相手の反応

そして、うまくいっていないいつもの自分のアクションに対して、相手の反応はどうなのかをあらためて思い起こしてみましょう。「文字ばかりが目立つ資料」で「くどくど説明」されたら、相手の反応はかんばしくはなかったはずです。

STEP 4 引き算で問題点をあぶり出す

最後に「理想状態」から「現状」を引き算することで、現時点で「何が足りていないのか」＝問題点を把握します。「理想状態－現状＝問題点」という考え方です。

ここまで、引き算思考を説明しました。ポイントは「ダイレクトに、問題点を探しに行かない」ことです。課題や問題点は誰もがたくさん抱えているもの。まずは理想状態を明確にして、引き算思考であぶり出された問題点から克服していきましょう。

▽

「理想状態」から「現状」を引き算する

2

「見える化」↓「診える化」で突破口を見定める

この項のポイント

仕事での成長実感を得られる工夫

自分ではけっこう頑張っているつもりでも、売上目標やノルマを達成できないと、成長実感が得られないと感じてしまう方は多いかもしれません。

本来、売上目標やノルマの達成だけが仕事の成果ではないはずです。ところが、それらを達成できないと、多くの場合、自分は成長できていないと思い込んでしまいがちです。

また、売上目標やノルマのない職場では、漠然とではあるものの上司や先輩、同僚から「伸び悩んでいると思われていないか」と不安になってしまうこともあるでしょう。

こういった心持ちになってしまうのは、自分の**仕事の成果を客観的かつ具体的に示す指標、いわば「仕事の診断項目」（指標）が何もない**からです。

ということは、何かしらの具体的な診断項目があれば（あるいは自らつくり出せれば）、それと現状とを照らし合わせることで、正確にいまの自分の状況や立ち位置を把握できるようになるかもしれません。

そこで、**まずは診断項目を用意して自分のいまの仕事ぶりを「みえる化」する**ことから始めましょう。「みえる」にもいろいろな漢字がありますが、ここで一番ふさわしいのは「見える」ではなく、診断するという意味の「診える」です。

自分自身を「診える化」して、問題解決の糸口へとつなげる、具体的なステップを説明します。

STEP 1 「成長課題自己診断シート」をつくる

自分自身を「診える化」するには、「成長課題自己診断シート」を作成することから始めてみましょう。私が組織開発のコンサルや企業研修を行う際に推奨している観点として、スキル・知識・マインドの3項目があります。それらをさらにみなさんの仕事や業務に合わせて、細分化すると簡単に作成できます。

参考として、よくビジネスで用いられる表現を次ページにリスト化しました（図表4－

（図表4-2）成長課題自己診断の項目例

スキル

交渉力
顧客対応力
プレゼン力
マーケティング力
コミュニケーション力
傾聴力
発想力
戦略立案力
課題形成力
データ分析力
決断力／判断力
実行力
人間関係構築力
環境適応力
タイムマネジメント力
リスクマネジメント力
リーダーシップ
フォロワーシップ
調整力
事務処理能力
ITスキル
論理的思考力
文章作成力
語学力
レジリエンス（回復力）

知　識

業界知識
マーケット知識
製品・サービス知識
顧客知識
技術知識
社内知識
マーケティング知識
経営知識
財務／会計知識
法務知識
最新トレンド知識

マインド

積極性
柔軟性
創造性
主体性
継続性
責任感
協調性
慎重さ
確実さ
誠実さ
粘り強さ
チームワーク
意欲的
一貫性
成果追求

2）。この「成長課題自己診断の項目」をそのまま使っていただくもよし、この中から必要に応じて項目をピックアップしていただくのも、使い慣れた表現やより具体的な表現に直していただくのもいいでしょう。「自分自身に求めている／求められている」内容をピックアップすることで「成長課題自己診断シート」をつくることができると思います。

よく、「営業力が足りない」「知識が足りない」という悩みを伺いますが、「それってつまり、どういうことだろう？」と一段掘り下げると、「自分自身に求めている／求められている」内容の解像度が高まります。

・スキル　：プレゼン力、論理的思考力、人間関係構築力、文章作成力など
　→○○力とつくようものが多い
・知識　　：商品知識、顧客知識、協業知識、業界知識、競合知識、市場知識など
　→確認テストで習熟度がすぐ測れそうなもの
・マインド：積極性、主体性、協調性など
　→○○性とつくようなものが多い

ある営業担当者を想定して、成長課題自己診断の項目の中から、スキル・知識・マイン

（図表4-3）ある営業担当者の成長課題の自己診断シート

自己診断項目			自己評価【◎○△】
スキル	1	傾聴力	
	2	プレゼン力（提案力）	
	3	論理的思考力	
知　識	1	業界知識	
	2	製品知識	
	3	顧客知識	
マインド	1	積極性	
	2	主体性	
	3	責任感	

ドの各カテゴリーで、必要とされると思われる項目をピックアップしてみました。それをもとに作成したのが図表４－３のような自己診断シートです。

実践にあたっては、例のように、スキル・知識・マインドの３項目に対して、それぞれ３～５個の小項目をつくってみるといいでしょう。

この自己診断シートは、あくまでもみなさんが自己診断をしやすくするためのサンプルです。例えば、スキル分野で、「行動力」や「質問力」などの項目を追加してもかまいません。必要に応じて、項目を適宜変更してください。

アレンジをしてみると、ご自身が求めている要素や方向性も浮かび上がって、新たな発見も得られます。

STEP 2 「3段階」評価で自身を「診える化」する

成長課題の自己診断シートを準備したら、次にそれぞれの成長課題（項目）を◎○△の3段階で自己診断をしてみましょう。

◆成長課題自己診断シートを活用するコツ

いまの自分を一歩引いて見つめて、スキルの項目であれば「プレゼン力やロジカルシンキング力はあるか」というように診断していきます。つまり、自分自身の「診える化」です。

コツは、100点満点で点数をつけるのではなく、「◎」「○」「△」の3段階でざっくりと評価してみるということ。

この自己診断でのポイントは、

・とりあえず評価をつけてみる
・「◎が少ない」「△が多い」などは気にしない

・評価理由は後付けで考える

ということ。

成長課題自己診断シートは「自分自身に点数を付ける」のが目的ではなく、いまの自分に足りていることと足りていないことを**「診える化」**するのが目的です。

あくまでも現時点での自己評価ですから、◎○△のどれが多いか少ないかは気にする必要はありません。しかも、同じレベル感でも、人によって自己評価は大きくバラけるものです。なかには△評価だらけになった方もいると思います。それでもかまいません。

大切なのは、**なぜその評価を付けたのか？　どうしたら△を○に、何があれば○を◎にできるか、を後付けで考えてみること**です。このプロセスこそが、問題点の洗い出しや解決の糸口を見出す、「診える化」です。

STEP 3　すぐにランクアップできそうな項目から着手する

「診える化」すると、カイゼンに向けたアクションも起こしたくなるものです。おススメしたいのは、診断シートの大項目のうち、スキルの項目に焦点を当て、△や○をつけたスキルで、すぐにランクアップできそうなものを選び、それらを○や◎に引き上げるためのアクションを考えて実行に移すという進め方です。

そして、2週間から1カ月後に振り返りをしてみて、自己評価が上がっているかどうかをあらためて診断してみてください。

なぜ3つの大項目の中で、スキルに焦点を当てるかというと、コンサルや研修講師としての経験上、スキル、知識、マインドの中で、**スキルが一番短期間で成長実感が得やすい**からです。まずは、スキルから始めて、自信を深めていきましょう。

▽

いまの自分の成長課題を「診える化」する

3 トラブル多発時、真の要因が浮かび上がる「ダイコン図」

この項のポイント

隠れたカイゼン点を明らかにする問題解決の手法

みなさん、頭の中でこんなシーンを想定してください。自分が担当している製品の一部品に大量の不良品が出ていることが判明、取引先に早急に謝罪と事情説明に行かないとなりませんが、その部品の製造元とその部品を当社に納品した販売元のどちらに問題があるのかわからず、現時点では不良品が発生した原因も問題点も「確認中」、対応策も「検討中」のまま。手ぶらで出向いても、かえって信頼を失うことにもなりかねません。

早急な原因の究明、問題点の特定が必須です。そのことはわかっていても、どこからどう手を付ければいいのかわからない、そんな状態のとき、みなさんはどう動きますか。

ここでも本章の「1『引き算思考』で真の問題を明確にする」で指摘したように、多くの方が「何が問題なのだろう」「どこに問題点があるのか」とダイレクトに問題点を探そうとしがちです。ですが、やみくもに探しに行くだけでは、問題点は見つかりません。

こうしたときは、**仕事のプロセスを「分けない」から、問題点が「分からない」という状態になっている**ことが多々あります。例えば、当該部品のサプライチェーン（生産から販売までのプロセス）を「分けない」から問題点が「分からない」のです。

一連のプロセスを漠然と捉えて、どこに問題点があるのかと探しても、効率的に探し出すことはできません。

そこで、一連のプロセスを1本のダイコンと捉えて、いくつかに分ける**「ダイコン図」**で、問題点を特定する3ステップを説明します。

STEP 1 業務工程の始点と終点の設定

目の前に1本のダイコンがあるとします。ダイコンを生産から販売までの一連の業務フローに見立てて、**葉っぱの部分を始点（スタート）、細くなっている先端部分を終点（ゴール）**とします。

例えば、製造工程で考えると、葉っぱ（スタート）の部分は数多くの部品や原材料を仕入れる工程です。一方、細い根っこの先端部分は、出荷の工程です。

STEP 2 業務工程を大胆に分ける（輪切りイメージ）

「おでんのダイコン」を思い浮かべてください。当たり前ですが、1本丸ごと入っていることなどありません。適度な厚みに輪切りにして「分けている」から、箸でつかみやすく、美味しく食べられるのです。

仕事上のトラブルも、一連のプロセスを切り分けることで、トラブルの要因や問題点が掴みやすく、対処もしやすくなります。

ここで取り上げた例のように不良品が多発したケースでは、製造現場のフローを、例えば、「材料仕入→運搬→取付け→検査→出荷→納品」のプロセスに区切って、それぞれのプロセスごとに要因を探っていきます。

STEP 3 終点（ゴール）から原因分析に着手する

1本のダイコンを業務フローに見立てた場合、何本にも分かれている葉っぱの先、よう

（図表4-4）「分ける」と、問題点や対処法も「分かる」

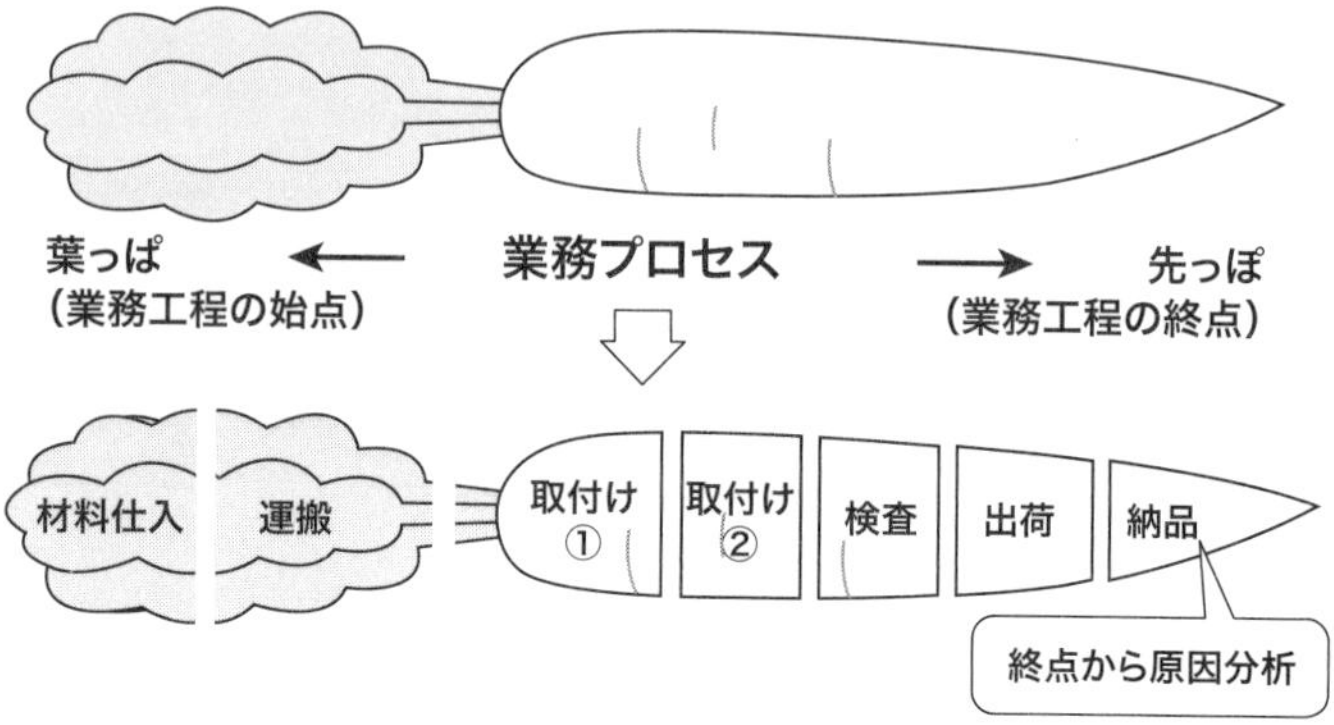

は製造工程や業務の始まりのところから着手すると、枝分かれしすぎていて、焦点が定まりにくく、扱いが大変です。

反対に根っこにあたる先端部分は、ダイコンでいえば「辛み」＝「問題点」を明確にしやすい部分でもあり、扱いやすく分析しやすいでしょう。

つまり、**終点（ゴール）から「逆引き」で問題点やその発生要因を洗い出していく**のです。

先端部分、つまり出荷時の積み方に問題はないか、というように絞り込んでトラブルの原因を探り、問題がなければ、一つ前の検査の工程を確認する、という流れで検証していけば、効率的に原因を究明していけます。

◆ダイコン図分析法は、繰り返すとさらに効果的に

この「ダイコン図分析法」は、一般的にはプロセスマッピングと呼ばれている手法の一つです。

製造工程でのトラブルの原因究明や問題点の発見だけでなく、**DX（デジタルトランスフォーメーション）を視野にビジネスモデルや業務プロセスの変革に取り組む**ときにも、現状の課題や問題点を明確にするのにとても有効です。

なお、ダイコン図で輪切りにするとき、どこまで細かく分けるかですが、できれば「もうこれ以上分けることができない」というところまで細かく分けられれば理想的です。が、最初は適度な厚みでざっくりと輪切りにし、プロセスごとに要因を探り、見つからなかったら、各プロセスを一連の工程と捉えて、さらに細かく輪切りにしていくことでより細かく分析できるようになります。「ダイコン図」分析法を繰り返すことで、原因を浮かび上がらせられるのです。

▽

業務工程を切り分け、ゴールから「逆引き」で問題点を洗い出す

4

数字には表れない問題点を明らかにするデータ分析術

この項のポイント

専門知識がなくてもできる「データを視る」技法

総務や人事などいわゆるバックオフィス系の部門で働いていると、その管掌業務の幅広さからか、いきなり経験のない仕事を任されたりすることがあります。例えば、会計に関する知識はほとんどないのに、月次決算のデータ（数値）を渡されて、「経費削減案を考えろ」と指示される、といった場合です。

借方貸方だとか減価償却だとか、そもそもそうした会計用語さえよくわからないところで、一生懸命に目を凝らしてデータを見ても、目の前にあるのは数字の羅列だけ。どこをどう見れば経費削減策が思いつくのか見当もつきません。ただ数字を眺めているだけでは、データを分析できず、問題点の抽出は難しいでしょう。

それでは会計用語がわからない、会計に関する知識や経験がないままでは、データから問題点を抽出することはできないのでしょうか。

そんなことはありません。用語がわからなくても、月次決算のデータから問題点を見つけ出し、経費削減策を思いつく方法はあります。

考えるポイントは、**「なぜ、わからないのか」に焦点を当ててみる**ことです。

STEP 1 「判断する尺度」を用意する

なぜ、データを分析することができないのか。それは、会計用語がわからないからでも、会計に関する知識や経験が不足しているからでもありません。

データを見ても**その数字が良いか悪いかを「判断する尺度」がない**からです。判断の尺度がないと、いくら目を凝らして見ても、それはただ「眺めている」だけ。データから何かが浮かび上がることはありません。

みなさん、健康診断（血液検査）の結果を思い浮かべてください。「UA（尿酸）7・6mg/dL」という結果が出たときに、なんとなく尿酸という言葉を知っていても、いままで尿酸値を気に留めてこなかった方には、この数値結果をもって良否判断を行うのは難しいでしょう。それでも、健康診断の結果表を見て自分の健康状態をそれとなく把握できるのは、なぜか。

健康診断の結果表には、各数値項目に「正常範囲」が示されていたり、過去の自分の健康診断結果が対比されていたりするから、つまり「判断の尺度」があるからです。

ということは、会計用語がよくわからなくても、会計知識がなくても、判断の尺度を用意すれば、問題点を把握でき、そこから経費削減策を考えられるかもしれません。

そう、大切なことは、ただ並んでいる数字を視覚的に認識していただけの「見る」状態から、判断の尺度を持ち、検証したり推測したりする**「視る」**状態へと深化させることです。

STEP 2 データを「視比べて」問題点を発見する

具体的にどうすればいいのでしょうか。

目の前のデータを視察するようなつもりで「視る」ためには、「比較」するといいでしょう。前年同月比という言葉があるように、時間軸上で比較してもいいですし、業界平均とかライバル会社など他社（他者）と比べてもいいでしょう。

複数のデータを並べて**「視比べる」**ことで、データマイニングのように細かく深いとこ

（図表4-5）健康診断分析法〜4つの視点

①実際の売上と目標（全体の方向）を比較する
⇨健康診断では目標体重と実体重との比較

②実際の売上と、基準や標準（例：業界平均売上）を比較する
⇨自分の体重と日本人平均体重との比較

③現在の売上と、過去（例：前月、前年同月、過去１年間）を比較する
⇨いまの体重と昨年の体重との比較

④自社の売上とベンチマーク（競合他社の売上）を比較する
⇨自分の体重と同年代の友人や知人の体重との比較

ろまではわからないにしろ、少なくとも「ここが問題では？」といった「当たり」はつけられるはずです。

実際の分析手法を図表４－５でご紹介します。各種の数値データを並べて視比べ、ポイントやベクトルの違い、良し悪しをあぶり出す「健康診断分析法」です。

◆層別分析でさらに深く「視る」ことで問題点をより鮮明に

健康診断分析法で「このあたりに問題があるのでは」と当たりをつけたり、前年比で倍増した数値を発見したりすることができます。さらに深くその背景や要因を探るには、層別分析を試してみましょう。

具体的には、データをさまざまな視点でグループ（層）に分けて、トレンドや傾向、外れ値や異常値、偏りなどがないかを分析します。

【層別分析の視点】

①時間軸のトレンドや季節性を分析
②地域による偏りや分布、年齢による傾向を確認
③一因一果の関係や影響など関連性・相関を確認
④頻度を分析

また、数値をそのまま数字として捉え、その大小を比較しても、そもそものデータ集計の際の規模や母数が異なっているケースもあります。

例えば、売上1000万円の企業と競合先の売上1億円の企業では単純比較ができません。その場合は数値（絶対値）を比べるのではなく、パーセンテージを割り出して比率で分析しましょう。

ここまで説明した通り、知識や経験が不足していても今月の売上データを前年同月のデータと比べるなど「判断の尺度」を持つだけで、上がった、下がった、変わらないといった動きはわかります。

そこに競合各社や業界平均のデータを加えてみるだけでも、例えば、自社以外の売上はどれも上がっているのに自社だけ下がっている、などが絞れてきます。

この「健康診断分析法」を見て、みなさんの中には「意外に日常的なところでデータ分析をやっていたのか」と思った人もいるかもしれませんね。

ここでお伝えしたかったのは、専門的で詳細なデータ分析の手法ではなく、あくまでもムダな時間を省いて効率的に問題点を抽出するための方法です。決して難しいことではないので、ぜひ実践してみてください。

「判断する尺度」を持ってデータを視る

5

「水平質問」↓「垂直質問」で問題の核心に迫る

この項のポイント

問題解決の糸口が見えてくる、うまい聞き方

仕事上で何か問題が起きれば、普通はその原因を究明するために社内の関係部署や取引先に状況の確認や調査のため、ヒアリングに出向くことがあります。

その際、トラブル発生に慌ててしまい、勢い込んで脈絡なく質問を繰り広げたり、ついつい相手の言い分を鵜呑みにしてしまい、肝心なことを確認しそびれてしまったりして、本来の「聴き取る」という目的が果たせなかった、という経験はありませんか。

往々にして、トラブル対応のヒアリング等では、ポイントを絞り込めずに話が散らかったまま時間切れになってしまいがちです。せっかくヒアリングの場を設定したのに、核心には迫れず、目的も果たせず、となってしまっては、厳しい見方をすれば時間のムダともいえます。どうすれば効果的にヒアリングができるのでしょうか。

STEP 1 質問を水平方向（ヨコ）に広げて、話題やトピック、選択の幅を広げる

どこかの遊園地やテーマパークでのアトラクションで「宝探し」のゲームをする場面を思い浮かべてみましょう。当てずっぽうに探し回ったり、根拠もないのに「この付近だ」と決めたところだけを探したりということはしませんよね。

まずは宝が隠されているエリアを把握するために地図を広げ、ヒントなどを参考に宝の埋蔵ポイントをいくつかに絞り込んで、そこからさらに「ここだっ！」と思える場所をピンポイントで探すでしょう。

ヒアリングもそれと同じです。質問を水平方向（ヨコ）に展開することで、話題やテーマを並べていきます。宝探しで言えば、地図を広げて埋蔵ポイントがどのあたりにあるのかを確認する作業です。

人は、常に重要性の高いものから発案できるとは限りません。私が経営者の方にその企業の強みや経営課題をヒアリングする際も、一番に出てきた内容が最重要項目かというと、そうでない場合が多いものです。場合によっては、４つ５つと話していただき、「あ、ここ

がポイントだよ」となることも多いのです。**ちょっとしつこく水平質問を繰り返すことで、「これこそ競争力の源泉だな」「ここが問題の核心だった」というポイントが出てきます。**

そのうえで、今度は質問をタテ方向に深掘りしていきます。

◆オープンクエスチョンで問題解決の糸口を探る

相手の話を漠然と「聞く」だけでは、「ヨコ」方向の水平質問も「タテ」方向の深掘り質問も思いつきません。時には主体的な質問を用いて、話題やトピックを「ヨコ」方向や「タテ」方向に促して、「聴く」ことを心がけましょう。

具体的な場面で、「ヨコ」方向の水平質問と「タテ」方向の深掘り質問の活用例をご紹介します。

例えば、実際に製造装置のトラブル対応で相手先に出向いてヒアリングをするシーンを想定してみましょう。まずは水平質問です。みなさんなら、どんな質問をしますか?

最初から「最近、問題はありませんでしたか?」と聞いてしまうと、「あるか、ないか」の二者択一の答えになってしまいます。相手の答えに制約を与えてしまうような質問ではなく、例えば、「最近、(製造装置のことで)気になることはありませんでしたか?」というように、**相手が制約を感じずに、比較的自由に答えられるような、いわゆるオープンクエスチョン**を心がけてみましょう。

さらに、**「他には？」「他には？」とヨコに広げ、相手の話に耳を傾ける**中で、「ここに問題の核心があるのでは」というポイントを絞っていきます。

そして、**ポイントが定まったら「その点について、もっと詳しく教えてもらえませんか」とタテに深掘りしていく**のです。

そのためにも次に紹介する「十字カーソル質問法」を頭にイメージしながらヒアリングをするとスムーズに進みやすく、おススメです。

STEP 2 質問を「十字カーソル」型に進めていく

ヒアリングのときに会話の主導権を握るのに効果的なのが「十字カーソル質問法」です。前述のようにヨコ方向に広げながら、ポイントとなるところでタテ方向に深掘りする「十字カーソル型」の質問法です。

実際のヒアリングでは、この十字カーソル質問法を繰り返すことになります。ヨコとタテの質問をするときのコツを示します。

①水平質問のコツ（十字のヨコ棒）

・まずはオープンクエスチョンを投げかける
・回答に応じて、「他には？」「追加するなら？」「別の場面なら？」「違う用途では？」というように広げていく

グループへのヒアリングなら、「気になっていることを10個、挙げてください」などと数（目標）を指定して、ブレインストーミングしてもらうのもおススメです。

②垂直質問のコツその1（十字のタテ棒を下方向に）

・自己選択してもらう

相手と一緒に課題解決に取り組んでいる場合などには、「ここに挙げた懸念事項の中で、特にピンとくるのはどれですか？」と水平質問で答えてもらったトピックスの中から、特定のトピックを選んでもらうのもいいでしょう。

・深掘り質問をおこなう

――5W2Hで深掘り

5W：When（いつ）／Where（どこで）／Who（だれが）／What（なにを）／Why（なぜ）

2H：How（どのように）／How Much（いくらで）

――「グッド話法」で深掘り

「具体的には？」の最初の文字の「ぐ」と、「どうして？」の最初の文字の「ど」を組み合わせた「グッド話法」。「Why（なぜ）？」だと詰問調になるので、それを避けるために「どうして？」がおススメです。

「うちの部署は、職場力が問題だと思っている」

◀

例1：「職場力とは、具体的には何をイメージされていますか？」

↓人によって意味合い（協力関係や風通しの良さ、技能の高さなど）が異なるので明確

にする

例2：「どうして、職場力が問題だと考えているのですか？」

↓「職場力」に着目している理由や背景を丁寧に掘り下げながら明確にする

③垂直質問のコツその2（十字のタテ棒を上方向に）

・一般化／要約質問で上方向に深掘りする

一つのトピックを下方向に深掘りするとともに、上方向に向けて「それってつまり？」「一言でいうと？」「あらためて一番伝えたいことは？」「要約すると〜〜ですかね？」というように、俯瞰して一般化する質問も行います。

ヒアリングやインタビューでは、一般化することによって問題の大枠を捉えることができるようになります。

なお、私が生業《なりわい》としているコーチングでは、そのコーチがプロレベルかどうかの判断基準の一つに、「『水平質問』ができるかどうか」があります。広げずに決め打ちで深掘りを始めると、結果としてムダが増え、いつまでも核心に迫れないからです。ヨコに広げてタテに掘る、それが問題の核心に到達する、より確かな道なのです。

参考までに、NG例とGOOD例で具体的に示してみます。

〈会話例〉

・NG例

あなた：「最近、どのような経営課題をお抱えですか？」
経営者：「若手社員の育成かな～？」
あなた：「そうですか。それでは弊社の研修プログラムはいかがですか？」
経営者：「うーん」（ややもや）

・GOOD例

あなた：「最近、どのような経営課題をお抱えですか？」
経営者：「若手社員の育成かな～？」
あなた：「なるほど、他にはいかがですか？」
経営者：「資金繰りも課題だね」
あなた：「さらに他には？」

経営者：「うーん、そうだね……。新規事業の立ち上げかな」
あなた：「いま挙げていただいた3つの中で、一番重要なことは何ですか？」
経営者：「新規事業の立ち上げですね」
あなた：「新規事業とは、具体的にどんな内容なんですか？」
「どうして、この事業に挑戦することを決めたのですか？」
経営者：「それは〜〜〜」
あなた：「それってつまり一言で言うと？」

▽

「水平質問」で広げた後、「垂直質問」で掘り下げる

6
伝家の宝刀「なぜ×5回」の正しい運用法

この項のポイント

問題解決の本丸に行き着く3つのステップ

トヨタグループのカイゼンの代名詞とも言えるのが**「なぜを5回繰り返す」**でしょう。ただ「なぜを5回繰り返す」は、その意味を正しく理解して実践するのは意外に難しいものです。そこで、なぜを繰り返す意味合いを考えてみましょう。

例えば、みなさんが通勤で使っている自転車が思うように加速しないので原因を調べてみたら、タイヤの空気が抜けていたという場面を思い浮かべてください。

タイヤに空気を入れたら、自転車の乗り心地も解消されたので「表面的には」一件落着です。トラブルへの対処としては、これで問題ないように思えます。しかし、果たして本当にこれでいいのでしょうか。

みなさんに考えていただきたいのは、このタイヤに空気を入れる、というアクションで

「いったい何をカイゼンしたのか」ということ。「表面的には」と書いた理由でもあります。

仮にタイヤに空気を入れた1週間後に再度、同じようにタイヤの空気が抜けていたらどうでしょうか。タイヤに空気を入れたという最初の対応は、「空気不足という現象に対処しただけ」で、根本的な問題解決には至っていなかったことになります。不具合発生の根本原因はタイヤの空気不足ではなく、別のところにあるとしたらどうでしょう?

◆探り当てた原因に再度「なぜ?」をぶつけて深掘りする

「タイヤの空気が不足する本当の原因(=真因)」を探るために、「なぜ」を繰り返す必要があります。「自転車が加速しない→『なぜ』加速しないのか→タイヤの空気が不足しているから」にとどめず、「『なぜ』タイヤの空気が不足しているのか」と、さらに「なぜ」を繰り返して原因を考えていきます。

すると、「空気が漏れているから」→「なぜ、漏れているのか」→「空気を入れるバルブ部品の虫ゴムが劣化していたから」→「なぜ、劣化に気づかなかったのか」→「定期点検をずっと先延ばしにしていたから」というように、根本原因にたどり着くことができます。

根本原因を対処できて、初めて「カイゼン」できたことになるのです。

◆正しく「なぜを5回繰り返す」ためには

この「なぜを5回繰り返す」という**「なぜなぜ分析」は、問題の根本的な要因を抽出するために有効な手法**です。問題が発生した際に、まず「なぜ、その問題が発生したのか」を考え、探り当てた原因に再度「なぜ」をぶつけて深掘りしていきます。これを繰り返していくことで、根本的な原因、真因を見つけ出すのです。

「なぜを5回繰り返す」のは、簡単なようでいて意外と習慣化が難しいものです。スムーズに使いこなすためのステップを説明します。

STEP 1 下準備として、何が問題なのか（What）を洗い出す

ついつい、すぐに「なぜなぜ」を始めたくなりますが、逆に思考が散らかって立ち往生することがあります。そこで、「何が問題なのか（What）」を明確にすることから始めましょう。

具体的には、ここでも「分ける」と「分かる」を使います。「自転車が思うように加速しない」という事象を、例えばプロセスで分けると、①ペダルを漕ぐ→②ギアが動く→③チェーンが回る→④タイヤが回る→⑤地面を押し出す、といった感じに分けることができま

（図表4-6）ロジックツリーの一例

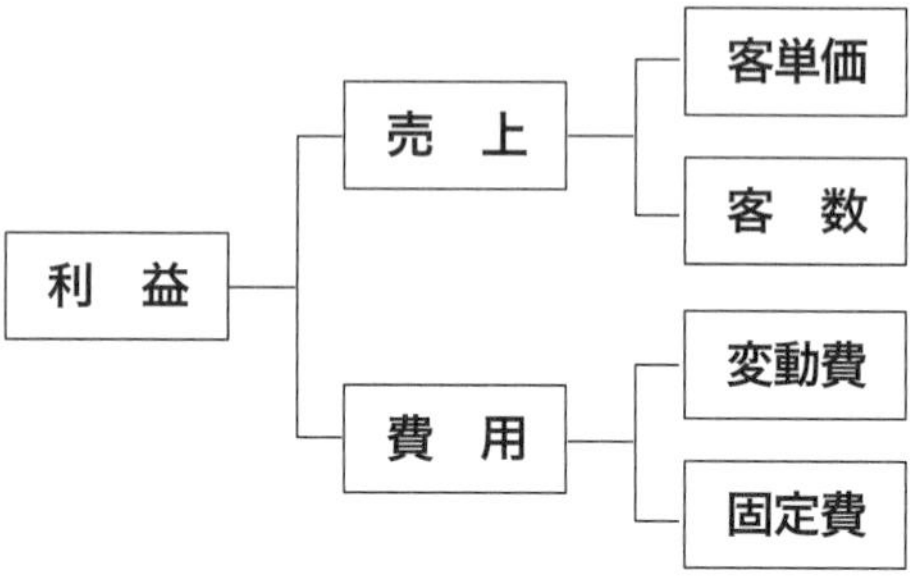

変動費：売上に合わせて変わる費用：食材のコストなど
固定費：売上に合わせて変わらない費用：家賃など

す。この中で、①から④に問題がなければ、⑤があやしい、と推測できます。

プロセス分解以外に、要素分解もおススメです。「利益が下がった」というトピックであれば「売上低下」と「費用（コスト）増加」が上げられ、さらに売上も費用も要素を分解していくことができます。なお、この要素分解をわかりやすく枝分かれの図で書いていく手法をロジックツリーと言います（図表4－6）。

漠然とした問いには、漠然とした答えしか出てきません。慣れないうちは、やみくもに「なぜ」を繰り出すのではなく、下準備として、**「何が問題なのか（What）」を洗い出し、対象を明確にする**と、「なぜを5回」の精度が高まります。

STEP 2　思考の深さと広がりを意識する

（図表4-7）思考の深さと広がり

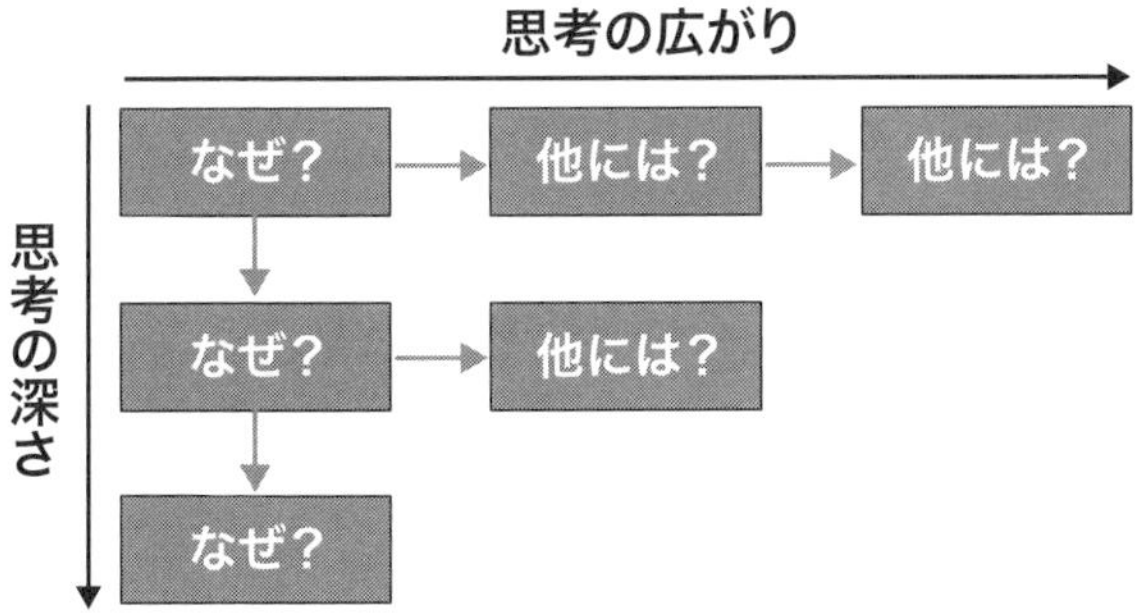

「なぜを5回」を始めると、多くの方が素直になぜを繰り返し、一方向に深掘りしようとします。しかし、ここでも前項でお伝えした、「水平質問」が大切です。**深さも大切ですが、広がりも意識する**ことで、結果として真因把握のスピードが上がります。

STEP 3 「都合の悪い情報」を探してみる

往々にして、我々は自分に都合の良い話ばかりを集めたがり、結果として「そうなるだろう」というバイアス（偏り）が働きやすくなってしまいます。

例えば、電気自動車が環境にやさしいと思い込むと、電気をつくる際に発生する二酸化炭素や劣化したバッテリーの交換コストなどに目を向けず、良い面ばかりに目を向けたくなります。そんなときほど、**自分の仮説や主張に対して都合の悪い情報も探してみる**ことが大切です。

一般的には**批判的思考（クリティカルシンキング）**と呼ばれるアプローチですが、結果として客観性や論理性を高め、問題の真因に近づくスピードを高めることができます。

もしかしたら、自転車が思うように加速せず、タイヤの空気が抜けていたのは、自分自身の体重増加が原因だったかもしれない、ということです。

「なぜを5回繰り返す」は外資系コンサルティング会社も注目するようなトヨタの「伝家の宝刀」です。ぜひみなさんに実践し、習慣化していただきたいので、ここではさらに、「なぜを5回繰り返す」の習慣化を妨げる要因と、その対策をまとめました。参考にしてみてください。

◆なぜなぜ分析を「うまくやる」ためのコツ

1.「なぜなぜ分析」の目的を絞り込み、そこからブレないようにする

「なぜなぜ分析」を繰り返していると、再発防止策の立案が目的だったのに、「究極的には経営層の意識を変えないとダメなんじゃないか」というように、当初の目的から離れた結論に到達したり、話が膨らみすぎたりしてしまうことがあります。

自由な発想も大事ですが、**「当初の目的が果たせるのか？」**という確認をこまめに入れな

がら「なぜなぜ分析」を実践しましょう。

2．息苦しくならないように「詰問」しない

「なぜ」を繰り返していると、「なぜ、できない」「なぜ、わからない」「なぜ、失敗した」と詰問されているような気分になり、息苦しさを感じてしまうことがあるかもしれません。「なぜなぜ分析」は、決して個人の責任を追及するための手法ではありません。次のような視点を忘れないでください。

・「何が問題なのか（Ｗｈａｔ）」から始め、改善できる内容に焦点を当てる
・詰問口調を避ける。「なぜ？」ではなくグッド話法の「どうして？」で進める
・個人（自分自身も含め）に対する責任追及は行わない

3．「なぜ」にこだわらずに、時には「問い」や「思考の起点」を変える

「なぜなぜ分析」だからといって、「なぜ」という言葉にとらわれすぎると、質問が限定されてしまい、原因究明のために問題をどう掘り下げていけばいいのか、その発想が広がらなくなってしまうことがあります。そんなときは次のような工夫をしてみましょう。

・「なぜ」だけではなく「どこが？」「いつから？」「何が？」というように質問の疑問詞を変えてみる。
・思考の起点をずらすのも効果的です。例えば、「ネジのゆるみ」を考えるなら、反対の「ネジの締めすぎ」の視点でも考えてみる。ネジだけでなくボルトやナットなど関連するものにまで発想を広げてみる。

4.「なぜ」に行き詰まったら「空欄のあるロジックツリー」を埋めていく

先ほど紹介した、ロジックツリーのアレンジ活用です。キーワードを書いて、要素分解して並べていくのではなく、空欄のロジックツリーをあらかじめ用意するという順序逆転の方法を行います。空欄を先に用意すると、ついそれを埋めたくなる、という人間の性質（心理）を利用して、強制的に「なぜ」を発想するのです（図表4－8）。

さまざまなことに興味津々だった子どもの頃、みなさんにも「なんでなんで」と問いを繰り返し、親や先生を困らせていた記憶はありませんか。**「なぜなぜ分析」は、ちょっとしつこいくらいに取り組むことが上達の秘訣**です。その過程でロジカルシンキングも身につ

（図表4-8）空欄のあるロジックツリーを埋めていく

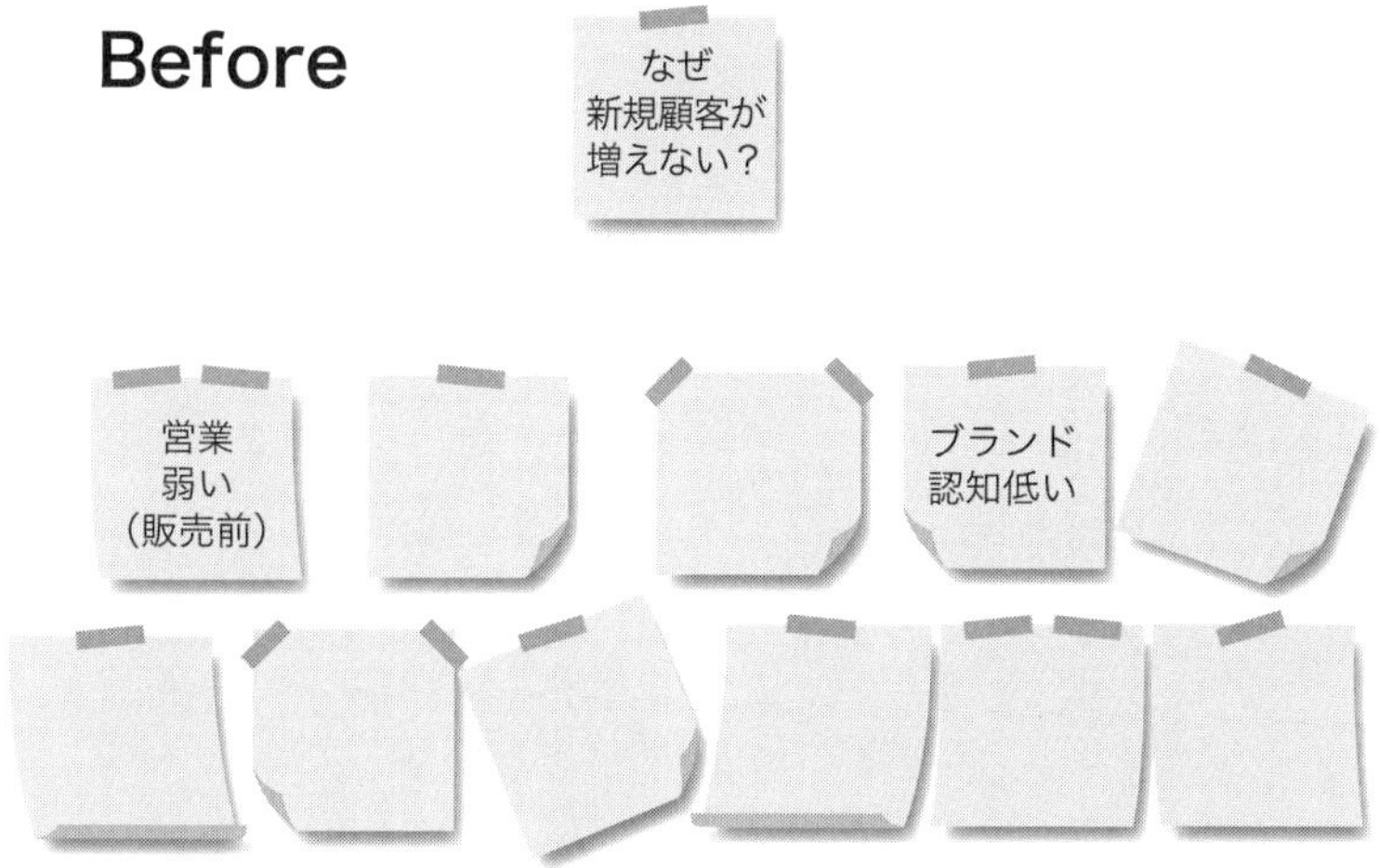

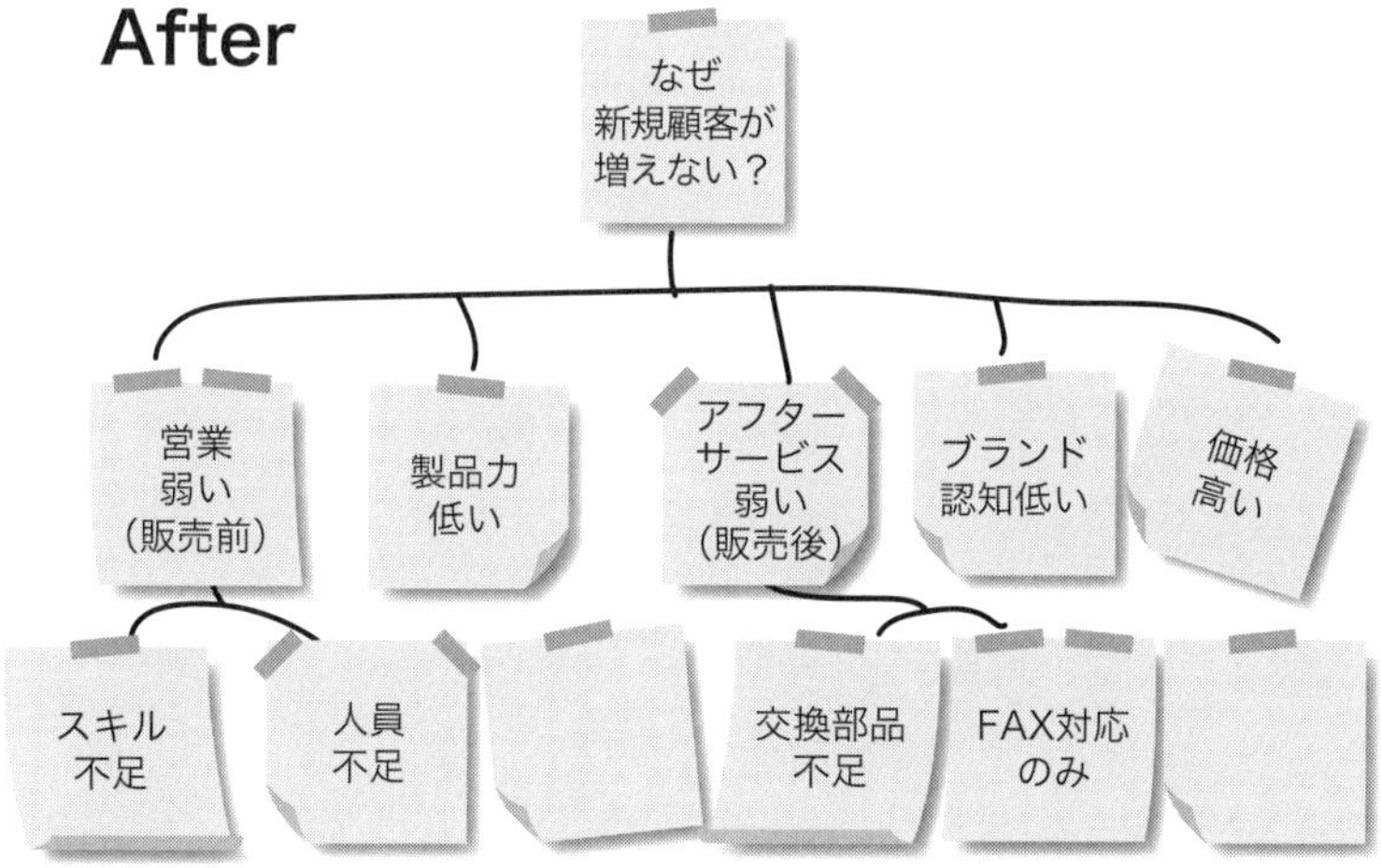

きます。

ただし、繰り返しになりますが、詰問口調にならないように注意しましょう。詰問口調だとどうしても責任追及の色合いが強くなり、最終的に個人攻撃（ご自身を含む）になってしまいます。口調一つで「なぜなぜ」はメンタルダウンの一因になりえます。

目的はあくまで「カイゼンのための原因追求」、そのことをしっかりと踏まえておいていただきたいと思います。

▽

目的を明確にし、個人に対する責任追及はしない

＊　＊

さて、4章では、「なぜを5回繰り返す」をはじめ、トヨタグループで実践しているフレームワークなどを示しながら、仕事でうまくいかないときの真の原因を明らかにする、いわば「トヨタ式」の問題発見手法を説明してきました。

5章では、仕事カイゼンに必須の、新しい発想を生み出すための戦略的な視点の持ち方について紹介していきます。

5章

行き詰まりを抜け出し、ブレイクスルーを起こす

——「常識」と「思い込み」のワナにかからない発想術

仕事をしていると、一見、無理難題と思える事案をクリアしなくてはならないことが、よくあります。

あるいは、これまで経験のないプロジェクトを任されて、従来の仕事のやり方だけでは、目的を達成できない事態に直面することもあるでしょう。

これまでの仕事のやり方の延長線上では打開できないとき、発想を大きく転換させ、抜本的にやり方をカイゼンしていく必要があります。

5章では、こうした難題をクリアし、ブレイクスルーを起こすための、戦略的な視点の持ち方、新しい発想を生み出すポイントについて説明します。

1 不慣れな仕事は「逆算思考」で見通しを立てる

この項のポイント

誰も経験のない新しいプロジェクトを進める際の計画術

みなさんが日々、職場で取り組んでいる仕事の多くは、年間の事業計画に沿って実施されていると思います。このような従来業務であれば、やり方を教えてくれる上司・先輩がいたり、手順書やマニュアルが用意されていたりします。従来業務は、いかに手数を減らしつつ、成果を高めるか、といった本書でこれまで説明してきたカイゼン手法の実践が有効です。

一方で急遽、ある展示会への出展が決まり、あなたがそのリーダーに任命された場合を想像してみましょう。社内でも初めての試みなので誰も経験がなく、知見やノウハウが一切ありません。すべてが手探り、何から手をつけていいかわからない状況で、みなさんは平常心を保てますか？

物事の見通しが立たないと不安になる人間の心理を「不確実性回避（Uncertainty Avoidance）」と呼びます。ある国際調査によると、調査対象の53の国・地域の中で、日本は不確実性回避度が高い国の1つになっています。新規性が高く、社内にも知見がないようなプロジェクトを任された場合、不安に駆られて右往左往してしまう人も多いのではないでしょうか。

こんなとき、どう状況を打開していけばいいのでしょうか。まったくの不慣れな仕事でも、見通しを立てられれば、そこからいま、やるべきことを明確にしていくことができるものです。そのための3ステップを説明します。

STEP 1 旗を立てる（探索的計画立案）

新規プロジェクトのスタート時で右も左もわからない、まさに徒手空拳《としゅくうけん》で業務に臨まなくてはならない、そんなときには、まず「最終ゴール」を見定めることが大切です。先の例であれば「展示会出展」の先にある、「契約獲得」が最終ゴールになるかもしれません。社会全体で不確実性が高まっていると言われる中、完璧な計画を事前に立てること自体が難しい場面もあります。そんな中で、**「最終ゴールは何か」を問い、明示して、方向性を**

定め、アクションを実行しながら学び、計画を適応させていく方法＝「探索的計画立案」が有効です。

ポイントは、最終ゴールを決めたら、そのゴールに旗を立てるように、自分や周囲にわかりやすく示すことです。

担当するプロジェクトや新規業務での最終ゴールをひと言で示すと何かという視点、例えば「海外での新規工場建設」や「顧客満足度10ポイントUP」など、**わかりやすい言葉で最終ゴールを設定する（＝旗を立てる）**ようにしましょう。そのうえで、**企画書や議事録の一番上に書き示し、常に意識づける**環境をつくりましょう。

STEP 2 「逆算思考」でタスクとスケジュールを明確にする

実際の仕事では、展示会出展やイベント参加、新規工場建設といったプロジェクト以外にも、作業工数の削減や原価改善など、さまざまな新規案件や「不慣れな業務」を任されることがあります。

最終ゴールを定めたら、**「現状はどうなっているのか」**を**「視える化」**します。ここで

(図表5-1)コストパレート図(原価の構成図)

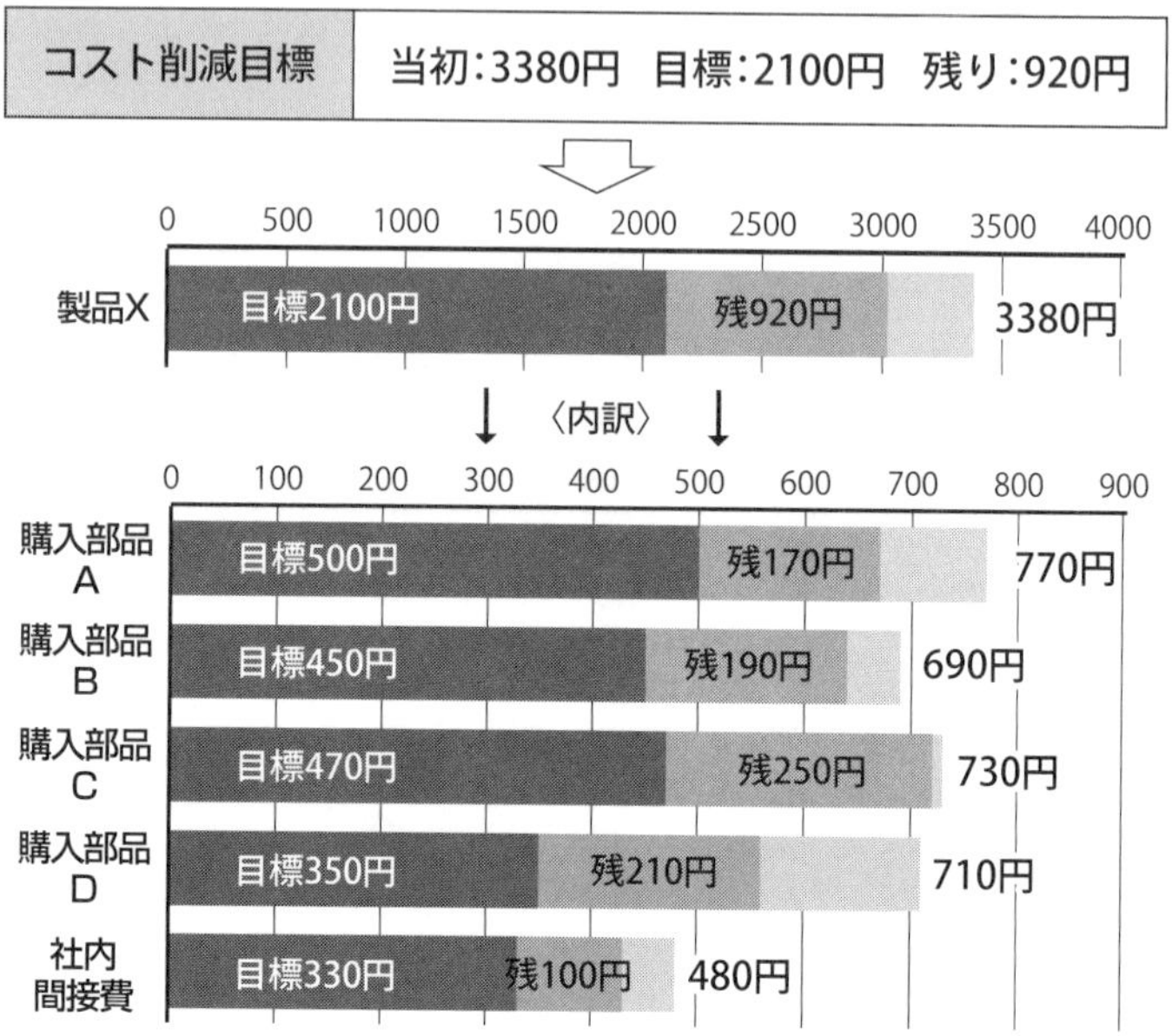

は、4章で紹介した「健康診断分析法」(127ページ)を応用するイメージです。

作業工数削減であれば作業工程表を作成する。原価改善であればコストパレート図(図表5-1)を用意する。営業・拡販であれば新規顧客とリピート顧客の売上構成を表やグラフに簡単にまとめ(体裁にこだわりすぎない)、**ありたい姿(=最終ゴール)と「視比べる」ようにしながら現在の状況を「視える化」**していきます。

次に「ありたい姿」と「視える化した現状」とを比べて、**いま、何が足りないのか、何をすべき**

（図表5-2）展示会出展に向けたマイルストーン

マイルストーン	期日	内容
計画・申込	5月30日	最終ゴールの設定
	6月7日	出展計画・スケジュール策定
	6月10日	出展申し込み
手配	6月30日	広報・集客計画策定
	7月10日	出展ブース什器手配
	7月20日	パンフレット等の準備・手配
	7月20日	展示品や見本品の手配
当日準備	7月30日	スタッフ手配
	8月10日	当日応対マニュアル作成
	8月25日	備品搬入・搬出
当日運営	8月26-27日	ブース運営・来場者対応
契約［最終ゴール］	8月28-31日	個別商談
	9月1-15日	契約手続き

最初はこの部分だけでもOK

かを**「逆算思考」で明確**にします。これは4章で紹介した「引き算思考」（105ページ）の応用です。

最終ゴールからの逆算で何が足りていないのか、何ができていないのかを明確にしたら、**「いつまでに不足している点やできていないことに対処すればいいのか」をスケジューリング**していくのです。

◆ラフでも仮でも、何か「マイルストーン」を置いて考えていくのがコツ

本項目のテーマである「不慣れな仕事は『逆算思考』で見通しを立てる」を実践するのに、もっとも大切なことは、ラフでも仮でもざっくりでもいいので、**「とにかく何か『マイルストーン』を置いて」考えてみる**ことです。

ラフでも見通しがつけば、漠然と不安だけを抱えている状況がガラッと変わり、前に進むことができるはずです。

参考までに展示会出展に向けたマイルストーンの一例を示しておきます。

マイルストーンを置くことで、プロジェクトの主なステップ・段階の概要を把握できます。特に見通しが立てづらい新規プロジェクトなどでは、マイルストーンの設定によりステップ・段階の概要が明確になり、管理がしやすくなります。

あわせて、3章で紹介した「ズーニンの法則（初動4分の法則）」を思い出してください。これは、仕事でも勉強でもスポーツでも、何かに取り組むときに最初の4分間を頑張ると、やる気のエンジンがかかり、その後も継続して取り組めるようになるというものです。

ここでも、まずは4分間、ラフでも仮でもざっくりでもいいので、あまり深く悩まず、「とにかく手を動かす」感覚で、目標値やマイルストーンを置くことから始めてみるといいでしょう。

STEP 3 「周囲を巻き込みながら」ブラッシュアップ

最終ゴールを設定し、逆算思考でタスクとスケジュールを引いたら、次はそれをブラッシュアップしていきます。ポイントは、**一緒にプロジェクトや新規業務を担当するメンバーも巻き込みながら進めること**です。未経験の業務なのですから、一人で抱え込まないようにすることも大切です。場合によっては、社外の関係者（展示会事務局担当者や外部業者）も積極的に巻き込んでいくといいでしょう。

じつは、こうした新規のプロジェクトや不慣れな業務に取り組むときに、「何もない状態のまま」で、チームや担当するメンバーで考えたり、話し合ったりするケースが意外に多くあります。しかし、「何もない状態のまま」で話し合いを始めても、焦点がぼやけて意見が拡散してしまうでしょう。

ラフでもざっくりでも立てた見通しを「たたき台」とすることで議論が深まり、より精緻にタスクとスケジュールに落とし込んでいけます。

見通しとは、達成イメージです。新規のプロジェクトや不慣れな業務が「終わりの見えないトンネル」のように思えたとしても、達成イメージを持つことができれば、時間をかけずに第一歩を踏み出すことができます。

▽

マイルストーンを置いて、メンバーを巻き込みながら進める

2 「できない」を「できる」に変えるブレイクスルー発想術

この項のポイント

カイゼンを邪魔する「常識」と「思い込み」の取り払い方

いまや多くの企業に変革が求められる時代です。みなさんが担当している業務においても、ドラスティックな改革やカイゼンを求められることが多くなっているかもしれません。

こうしたお話をするときに、いつも私が思い起こすのが、トヨタグループでの「原価半減プロジェクト」です。私がトヨタグループで働いていたとき、担当する自動車部品の製造原価を「現状の半分に引き下げる」プロジェクトに取り組んだことがありました。

過去、先人たちも必死に原価管理に取り組んできた製品に対して、そこからさらに半減を目指すなんて「絶対に無理！」と思ったものです。

仕事をしていると、こうした一見、無理難題と思える事案をクリアしなくてはならないことがあります。そんなとき、従来型の改革やカイゼンの考え方ではとうてい太刀打ちできません。従来の発想の延長線上で考えていては、壁にぶつかり、どうしても行き詰まってしまう、ブレイクスルーをどう引き起こせばいいのか……。そんなときに実践していただきたい2つのステップを説明します。

STEP 1　あえて極端な制約条件を設定してみる

みなさんが働いている職場でも、これまでを振り返ると、絶対無理と思えるような条件の中で仕事をこなさなければならないときはあったはずです。納期がタイトすぎる、マンパワーに対して仕事量が膨大、まともに考えていてはどうにも打開策やアイディアが思い浮かばない……そんなときは、あえて無茶苦茶な制約条件を設定して、従来にない発想を引き出してみます。

思い返してみると、トヨタグループの「原価半減プロジェクト」は、「極端な制約条件」が設定されたケースでした。担当者たちは不可能と思われた制約条件があったからこそ、最終的に原価半減に成功したとも言えます。

つまり、極端な制約条件とは見方を変えれば、ブレイクスルーを引き起こして成功に導く「成功の条件」でもあるのです。

◆厳しい制約条件に直面したら、それを成功条件に変えてブレイクスルーを

トヨタは創業時から米国との技術格差、新たな法規制、為替変動など、厳しく絶望的とも思えるような制約条件の中で革新を生んできました。そうした経験があればこそと言えるのですが、時にわざと極端な制約条件を設定して、意図的に革新を生み出そうとします。それが、「原価半減プロジェクト」だったと言えるかもしれません。

ところで、どうやって自動車部品の原価を半減したのでしょうか。ボーッと自動車部品を眺めているだけでは、原価を半分にする方法は見えてきません。そこで、**その自動車部品の構造を細分化し、それぞれの部品ごとに製造原価を引き下げられないかを確認**していきました。機械部品であれば分解して、さらに構成部品レベルに落とし込んで、徹底的に何にいくらかかっているかを把握したのです。

そのうえで、「どうしたらカイゼンできるか?」を必死に議論しました。他業界の工夫や日常生活でのヒントはないかもよく考えました。

例えば、「日常生活の中で、食事をつくる際に『八宝菜の素《もと》』といった〝合わせ調味料〟に頼ることがある。これを使えば簡単に美味しいおかずができて便利。しかし、じつは市販の調味料を自分で買い揃えて調合したほうが、圧倒的にコストは安い。しかも、調味料

を調合するのはそんなに手間がかからないし、ノウハウもいらない。これと似たようなケースで、コストダウンができないだろうか」などなど。

このような発想や取り組みを積み重ね、当初は不可能と思われていた製造原価の半減に成功しました。この原価半減プロジェクトは、自ら極端な条件を設定し、新たな発想を生み出し、ブレイクスルーを引き起こした事例とも考えることができるでしょう。

できない理由や制約条件が、新たな発想やブレイクスルーのヒントとなり、成功条件に置き換わることが多々あります。

制約条件の力を借りるために、原価半減プロジェクトのように、自ら極端な条件を設定することで、新たな発想を生み出し、ブレイクスルーを引き起こしていきましょう。

◆極端な制約条件を設定するコツ

限界や常識の枠を取り払う「問いかけ」を自らにしてみるといいでしょう。

例えば、

・大胆な問いかけ

＝「原価を半減させるとしたら？」

「半分の人員で対応するとしたら？」

「半分の時間でやり遂げるとしたら？」

・**極端な問いかけ**

＝「もし、3倍の発注が来たら？」

「もし、先輩たち3人が同時に育休を取ることになり、上司と2人だけになったら？」

「この部品や、このプロセスをなくしたら？」


日々の小さいカイゼンの積み重ねも大切ですが、自分たちの限界や常識の枠を取り払うことで、抜本的なカイゼンを生み出すことを考えることも大切です。

STEP 2 大マジメに解決策を考える

極端な制約条件を設定したら、次はそれをクリアするための方法、解決策を大マジメに考えてみます。具体的には、**解決された状態と現状とのギャップを明確にし、そのギャップに対して「なぜ？」と問いかけてみます**。

フレッシュな気分で、理想像と現状のギャップが大きい部分に、「そもそもなぜ現状はこうなのか？」と問いを立て、思考を加速させていくのがポイントです。

そのうえで、「どうしたら、できるのか？」と視点を変える問いかけを用います。その際、「なぜ、できないのか？」「なぜ、うまくいっていないのか？」というような「できない理由」や「できていない理由」を探す方向に行かないように注意します。

コツとしては、「もし、あなたが社長だったら、このギャップをどうカイゼンしますか？」というように、「もし、いまの会社が『業界最大手企業』だったら？」「もし、10年後の自分だったら？」「もし、この制約条件こそが成功条件に変わるとしたら？」というように、柔軟な発想で視点を変えながら問いを立てていくのがポイントです。

▽

「極端な制約条件」を設定したうえで、「大マジメ」に考える

コラム5 「ありえない発想」で業界の常識を覆した家具メーカー

私が研修などで携わっている、株式会社エストレージ（以下、エストレージ社）は、オーダーメイドで収納家具を製作しています。

昨今、できるだけ居住面積を増やそうと、多くの住宅メーカーが床面積確保に取り組み、天井に梁《はり》（凸凹）が多い住居が増えました。梁が増えると、既成の収納家具ではピタッと収まらず、地震の際には倒れ落ちるリスクもあります。

そんな中、エストレージ社は、完全オーダーメイドにて、住居の壁面にピタッと張り合わせる収納家具を提供しています。社長の矢島克記《かつのり》氏が、資本金20万円で創業した2007年当時は、キッチンに100万円以上かける人はいても、オーダー収納家具にお金をかける人は皆無。多くの業界関係者に、「オーダーメイド収納家具に対するニーズはない」「ビジネスとなり得ない」と否定されたそうです。

しかし、矢島氏は、住居購入者の「収納に対する不満の声」に着目し、かつ、木工技術の本場「ドイツ」の展示会に出向き、最先端の材料加工機械やITシステムを目の当たりにし、ビジネスの可能性を確信しました。

自宅壁面に収納家具を取り付けた完成図（CG）　写真提供:エストレージ

現在は、来店したお客様のお話を伺いながらPCの画面上で、自宅に収納家具が取り付けられた完成図（CG）を示し、製造のための図面を作成せずに工場にデータを共有して材料の自動加工を開始できるシステムを構築。「オーダー収納家具は一品一様なので時間もお金もかかる」という業界の常識を覆し、従来のコストや納期を大幅に縮め、顧客期待を大きく上回る品質を提供しています。

2020年11月には経済産業省「はばたく中小企業300社」を受賞。業界常識ですら、「本当にそうなのか?」と疑い、思い込みや制約条件を見事に成功条件に変えています。

3

解決策の引き出しを増やす「越境思考」と「感想力」

この項のポイント

アウトプットの質を高めるインプットのコツ

毎日、次から次へと押し寄せてくる仕事に忙殺されていると、「どうにも頭が凝り固まってしまい、課題解決のための新しいアイディアが浮かばない」、そんな状態に直面することもしばしばあるでしょう。つい同僚や後輩に「なんかいいアイディアない？」が口ぐせになっている人もいるかもしれません。

たしかに妙案と呼ばれる解決策や打開策、現状打破の突破口などは、そう簡単に思いつくはずはありません。しかも、ただ時間をかければ思いつくというものでもありません。どうすればいいのでしょうか。

ポイントは、**インプットを増やすこと**です。新しいアイディアなどのアウトプットの質を高め、量を増やすには、その前提として**「アウトプットのためのインプット」**を増やさなくてはなりません。このインプットが絶対的に不足しているから、妙案もブレイクスルーの突破口も思いつかないのです。ところが、多くのビジネスパーソンは自身のインプットが不足していることに気がついていません。

ここでは、インプットを増やして、アウトプットの質を高めるための3ステップを説明します。

STEP 1　越境思考でインプットを増やす

越境思考（クロスボーダー・シンキング）とは、従来の枠組みやカテゴリーにとらわれず、分野や領域の境界を越えて新しい視点やアイディアを生み出す考え方です。

トヨタグループには、課題解決のためのさまざまなアイディアやブレイクスルーを引き起こす妙案を次々に思いつく上司、先輩、同僚がいました。そうした人たちに共通していたのは、常に過去の自分の経験や日常（プライベート）の体験などからインプットを増やすことを重視していたことです。

そこから得たさまざまなインサイト（洞察の結果、つかんだこと）やヒントを、横展開したり応用発展させたりして、新たなアイディアや解決策を導き出していました。

◆八百屋店主の働き方を、越境思考でトヨタの工場に応用

トヨタの元副社長だった佐々木眞一氏は、越境思考で得たヒントから海外工場の現地従業員のモチベーションを高め、大幅な生産性向上を実現したことで知られています。

佐々木氏の著書などからは、自動車業界というカテゴリーにはとらわれずに、常にさまざまなことに関心を持ち、越境思考で業種・業界の境界を越えて新しい視点や気づきを得ることを実践していた様子が伝わってきます。

その一例として、あるとき、佐々木氏は街中の八百屋の店主が毎日、イキイキと働いている姿を見て、「出世や昇格はしないのに、なぜ？」と不思議に感じ、関心を持ったといいます。

そこで、店主の立場に立って考え、分析をした結果、その店で買い物をする地元客からの「ありがとう」のひと言が彼の働きがいにつながっているのではないかと推測します。

つまり、**「自身の仕事の成果に対するフィードバック」こそが、店主の高いモチベーションの源泉**だと考えたわけです。

その後、佐々木氏は、この越境思考で得た気づきを、海外拠点の従業員のモチベーション向上という課題の解決に応用しました。具体的には、「八百屋の地元客」を「工場の後工

程（次の作業工程）の担当者」に置き換え、**「後工程から仕事の成果に対するフィードバックを得られる仕組み」を導入**したのです。それによって、各工程の担当者のモチベーションが高まり、工場全体の生産性の大幅向上につながりました。

STEP 2 課題解決に応用できるように設定を置き換える

越境思考でインプットを増やしたら、**そこで得られたインサイトやヒントを目の前の課題の解決に応用できないか、当てはめられないか**を考えていきます。

その際にポイントとなるのが**設定の置き換え**です。先に紹介した佐々木氏の八百屋の店主の事例では、八百屋を海外工場に、店主を工場の従業員に、地元客を後工程の担当者に、それぞれ置き換えています。

越境思考で自身の過去の経験や日常（プライベート）の体験を棚卸しして、業界、サービス内容、地域（海外）、担当者などを置き換えながら課題解決の糸口を探っていくようにしましょう。

◆インプットを増やす「感想力」アップと「謎解き」

・体験で得たことを言語化する

越境思考でインプットを増やそうとしても、ただ経験や体験を積んでいくだけでは、そこからインサイトや課題解決のヒントを得ることはできません。どんなに経験や体験を積んでも、言語化してインプットしないと、脳内にきちんと蓄積されないのです。ポイントは言語化です。

何がどのように素晴らしいと感じたのか、どこにどれだけ驚いたのか、グッド話法（135ページ）も用いて具体的な感想を言葉にするようにしましょう。体験で得たことを言語化する＝感想力をアップする、これが一つめのコツです。

・違和感を尊重する

さらに、「あれ?」と思ったら、その違和感をなおざりにせず、「なんでかな?」と心の中でいいので呟いてみましょう。人間はシェイクスピアの時代から、ミステリーや謎解きが大好きです。「なんでかな?」と疑問を口にすることで、頭の中で自然と推理や分析が始まります。

先ほどの例のように、「なんで、八百屋の店主はイキイキと働いているのだろう」という日常の違和感や疑問から、自分なりの仮説や推測が生まれ、それを自分の仕事やビジネスに越境（応用）させることで、成果をあげることができます。

なお、越境思考は実体験だけではなく、他業界の有識者の話を聞く、本を読むといったことでも実践できます。その場合でも感想力を高めたり、違和感から推測を立てたり、インプットを増やすコツは同じです。

▽

「越境思考」を意識し、「違和感」を見過ごさずに言語化する

4

イノベーションを引き起こす「3現主義と3不」

この項のポイント

従来にないアイディアや発想を呼び起こすヒント

規模の大小や業種・業界を問わず、多くの企業において「これは革新的な取り組みだ」「まさにイノベーションを起こした」といった言葉を耳にする機会が増えています。とはいえ、「どことなく他人事（他社事）」「憧れはあるが自分にはムリ」と思っている人も多いのではないでしょうか。

たしかに、現在、自分が担当している業務において「変革を」と求められても「どこから、どう手を付けていけばいいのか」わからず、そう簡単にできるとは思えません。しかし、その一方で確実に変革を起こし、イノベーションを実践している企業があり、そこには陣頭指揮を執った担当者がいます。その差はどこにあるのでしょうか。

じつは、「自分にはできない」と考えてしまう人の多くは、変革やイノベーションを「ゼロから『画期的な1（イチ）』を生み出す取り組み」と思い込んでしまっています。

しかしながら、変革やイノベーションは必ずしも「ゼロ・イチ」の取り組みではなく、多くが**既存のアイディアや成果、テクノロジーなどの掛け合わせ**から生まれています。

その視点に立つと、変革やイノベーションを起こすには、「何をどう掛け合わせればいいのか」という発想が重要になります。ここでは、「現場・現実・現物を観察する（観る）」ことで、掛け合わせの着想を得る取り組みについて説明します。

STEP 1「3現主義と3不」で「観る」

トヨタグループで語り継がれている逸話の一つに、「製造部門のリーダーになると、工場内のある場所に一日中、立たされる」という話があります。決して懲罰で立たされているのであありません。工場内の床に白い○が描かれ、その場所から一日中、工場内をつぶさに「観察」して、新たな気づきや発見を得るのです。

「観察」と書いたことでもおわかりのように、ただ立って機械がちゃんと動いているかを眺めている、つまりは「見ている」わけではありません。リーダーが自分なりの観点を持って「観ている」のです。
ポイントは次のような「3現場主義と3不」の観点を持つことです。

【3現主義と3不】
・現場にどんな不便があるか
・現物にどんな不足があるか
・現実にどんな不満があるか

自分自身を含めてそこに働いている人たちが気づいていない「3不」を、「現場・現物・現実」というトヨタグループの「3現主義」の観点で洗い出していたのです。
変革やイノベーションを考えるときにも、まずは、現状がどのような状況なのかを把握することが大切です。その際に有効なのが「3現主義と3不」の観点で観ることなのです。

STEP 2 異物（既存）を組み合わせてみる

「3現主義と3不」の観点で分析したら、次は既存のアイディアや成果、テクノロジーなどを掛け合わせて「3不」を解消できないかを考えます。

その際に、できる限り**「ありえないもの同士」を組み合わせる**と発想の幅が広がり、より革新的なイノベーションを引き起こしやすくなります。

後述の「ハリアー（レクサスRX）」は「都会×SUV」の掛け合わせでした。じつは、これまで大ヒットとなった商品やサービスの中にも、こうした組み合わせによるものが多くあります。例えば、「ドラッカー×女子高生＝もしドラ」「携帯オーディオ×電話×ネット端末＝iPhone」などです。

このように、「3現主義と3不」の観点での観察を通じて、利用者が気づいていない不便や、言い出しにくい不満を探すことが、変革やイノベーションの第一歩とも言えます。

そうした不備や不満は、見つけにくいだけに、見つけることができたら画期的なイノベーションや新たな価値創造につながる可能性が高いでしょう。変革やイノベーションの種は、「現場・現物・現実」とそこで感じる「不備・不足・不満」など、目の前で起きていることの中にあるとも言えるのです。

▽「3現主義と3不」で分析し、「ありえないもの同士」を組み合わせる

コラム6　「3現主義と3不」から生み出された都会派SUV

トヨタグループで「3現主義と3不」の観点から生み出された車種があります。それが、「都会派SUV」と呼ばれる車種です。

SUVとは「Sport Utility Vehicle：スポーツ・ユーティリティ・ビークル／スポーツ用多目的車）」の略で、アウトドアレジャーやキャンプなどで必要な荷物をたくさん積むことができ、雪道やでこぼこ道を走行するときにも適した車種の一つです。

無骨で走破性が高く、荷室も広いのですが、セダンなどと比べると洗練さや室内の快適性はそれほどでもなく、都会の舗装されたアスファルトの道路でわざわざ乗る車ではないと考えられていました。

ところが、実際には都会でも、同じトヨタのランドクルーザーなど本格的なSUVに好んで乗る方々がいます。それを「3現主義と3不」の観点で分析すると次の通りです。

・現場にどんな不便があるか

＝平日はビジネス、休日はレジャーを楽しみたい場合にそれぞれに合ったクルマが1台ずつ必要

・現物にどんな不足があるか

＝ＳＵＶには、快適性と洗練さが不足
　セダンには、荷室の広さが不足

・現実にどんな不満があるか

＝遊び心、快適さ、洗練さ……自分の欲求を全部満たしてくれるクルマがない

現場、現物、現実をヒントに、従来にない新カテゴリーとして「都会派ＳＵＶ」となる「ハリアー（レクサスＲＸ）」を開発したところ、大ヒットにつながったのです。

5

他部署や取引先を味方につける「目線」と「口ぐせ」

この項のポイント

周囲の共感・協力を巧みに引き出すテクニック

他部署や他社の人と一緒にチームを組んで大きなプロジェクトなどを進めるときに、なぜか目線が揃わず、うまく連携して仕事を進めることができないことはないでしょうか?

ありがちなのは、各人が「自分の立場」や「自分の役割」からしかプロジェクトを見ようとしていないことです。各人が自分の目の前のことをうまくこなすことだけに終始していては、プロジェクト全体を着実に前に進めていくことが難しくなってしまいます。

そこで、あなたが他部署や他社のメンバーとの共同チームのプロジェクトリーダーを任されたという場面を想定してみましょう。各人の目線がバラバラで、ミーティングを開いても個別最適の意見ばかり。全体最適を考えた意見はほとんど出てこず、話がまとまらない。そんな状況を打破するために、トヨタでは**「2つ上の目線を持て」**と言われます。

◆「2つ上の目線」を持つ

具体的には、あなたが一般社員なら課長の目線、課長なら部長や社長の目線でプロジェクトの全体を常に考えていきます。

自分自身を自部署や他部署を束ねる立場（＝組織長）に置いて、プロジェクト全体を考えることで、メンバー全員と共通の目標、目的意識、問題意識を明確にし、共有を図ることができます。「2つ上の目線」での発想や言動を増やしていくことで、共感や求心力を高めることができれば、リーダーとしてプロジェクトを成功に導く可能性が高まるはずです。

それでは、「2つ上の目線」を持つために、おススメの方法を2つ紹介します。

◆「モデリング」を行う

ここでのモデリングとは「真似る」ということ。具体的には、**自分よりも「役職が2つ以上、上の人」の行動や考え、仕草を真似する（モデリング）**ことです。

例えば、会議でいつも部長が座る定位置に自分が座ってみるといった単純な行動をするだけでも人間の脳は錯覚を起こし、これまでとは異なった発想や発言が促されることが心理学的にも実証されています。

時には、ぜひ上役の席に座ってみて、そこから周りがどう見えるのかを体験しつつ、そこに座る人が抱えているやりがいや責任感にも思いを馳せてみましょう。

◆「私たち」を口ぐせにする

「私（一人称）」ではなく、**他部署や他社を含むチームのメンバーを示す「私たち（チームリーダーの目線）」などの一人称複数で話す**ことで、自然と「2つ上の目線」で発想し、メンバーとの共通項（目的意識や問題意識）をもとに話を展開できるようになります。

3章で、「一貫性の原理」に触れましたが、「私たち」を口ぐせにすることで、一貫性の原理が働き、自然に「2つ上の目線」で考える習慣が身につくようになります。

加えて口ぐせは伝染しやすいものです。周囲も「私たち」を主語で使い始めると、同じく一貫性の原理が働き、チームのみんなも「2つ上の目線」で議論するようになります。「2つ上の目線」は、モデリング（真似する行動を取る）や「私たち」を口ぐせにすることで、より確かなものになります。ぜひ、実践してみてください。

▽

「私たち」を口ぐせにして、「2つ上の目線」で発想する

6
とっさのトラブルに強くなる「逆転シナリオ」の描き方

この項のポイント

アクシデント対応で他社より優位に立つ戦術

順調に進んでいた大型プロジェクトが予期せぬ大規模災害や感染症拡大で頓挫しそうになったり、取引先の社長交代に伴う発注方針変更や仕入先の原材料不足による生産停止に追い込まれたりと、思いもよらぬ困難やトラブルに巻き込まれることは多々あります。

規模の大小にかかわらず、プロジェクトを計画するときには、最初に「こうすればこうなる、そして、こうなるから成功につながる」と成功までの道のりを明確にしていくことが大切です。しかし、プロジェクトの成功確率をより高めるためには、**困難やトラブルを織り込んだ、「逆転のシナリオ」の準備**が大切です。

「最悪の場面」を複数想定し、「そうなってしまったときの挽回策＝逆転のシナリオ」を用意することで、焦らず慌てず、適切な対応が可能になるからです。

ここでは、最悪の場面の想定と、逆転のシナリオの描き方について説明します。

STEP 1 最悪の場面を想定する

重要性の高い仕事や規模の大きいプロジェクトほど、大規模な自然災害なども含めて突発的なリスクを複数、想定しておくことが肝心です。

トヨタグループでは、プロジェクトの計画で万全を期すことは大前提でしたが、同時に思いもよらない出来事が起こるかもしれないというリスクを常に想定していました。何が起きても、いつも冷静沈着な上司にそのわけを聞いたところ、**「想定外のことは起こるものだ」と〝想定外そのもの〟を想定内にしていた**のが非常に印象的でした。

「想定外のことは起こるものだ」、と心の準備ができていれば、万が一のことが起きても慌てず動じず、むしろ「ピンチをチャンスに変えられないか」と考えられるくらいの「心の余裕を保つ」ことができます。

◆どのメーカーよりも対応が早いと評されるトヨタ

自動車を構成するさまざまな部品のサプライチェーン（供給連鎖）は複雑で、数万といわれる企業が関係しています。そのため、大規模な自然災害などが発生したときに、複雑で多岐にわたる部品の仕入先のうち、どこか一つでも生産がストップしてしまうと、サプライチェーンの断絶が起きてしまい、自動車を製造できなくなってしまいます。

トヨタグループでは、常にそういったことを想定して準備しているため、万が一の自然災害が起きると「いまこそ自分たちの力を示すとき」と言わんばかりの勢いで、自社のみならず仕入先の支援に乗り出します。

何かアクシデントが起きたとき、トヨタグループが「どのメーカーよりも対応が早い」と評される背景には、常に何も起こらないことを祈りつつ、一方で起こったときのことを想定した万全の準備も行っているからなのです。

STEP 2　逆転のシナリオを描く

最悪のシナリオを想定したら、それぞれのトラブルや困難に対して、それらが実際に起きた場合にはどう解決するか、挽回するかを具体的にイメージしていきます。

ただ、実際に起こってはいないアクシデントやトラブルに対しての解決策なので、ただ漠然と考えただけでは具体的な解決策を想定することは難しいかもしれません。

そこで、次のような視点で考えてみてください。

【具体的な解決策（挽回策）をイメージするためのヒント】

・解決に役に立ちそうな知識やスキルにはどのようなものがあるか
・どんな代替手段が考えられるか
・過去の経験や体験で参考になるものはないか
・誰かの支援を得られそうか（例えば他の工場からの応援を要請する、別ルートでの部品調達を行うなど）
・こんなとき、映画やテレビドラマだったら、どんな逆転劇が起きるだろうか

このような視点で最悪のシナリオに対する解決策（挽回策）のイメージを膨らませて、具体的な準備を進めておくようにしましょう。

▽

想定外のことを「想定内」にしておく

コラム7　いざというときの「疑似体験」を積んでいる組織の強さ

いざというときに、慌てず動じずにシナリオの通りに行動できるようにするには、実際の大逆転や予期せぬアクシデントに見事に対応した事例を知っておいて、疑似体験を積んでおくことも有効です。

例えば、2011年の東日本大震災のときの東京ディズニーランドでのキャストたちの避難誘導は、事前の危機対応のシナリオが有効に機能し、7万人もの来園者がいながら負傷者がゼロだったことで賞賛されました。運営するオリエンタルランド社では、阪神・淡路大震災後から「冬の午後6時、震度6強、来園者10万人」という過酷な設定で、年180回の防災訓練を重ねていたそうです。

被災時には何よりも来園者の安全を優先し、園内のショップで販売されているぬいぐるみを防災頭巾として提供すること、おみやげとして売られている菓子類等を非常食とすることなどが細かく決められ、キャストたちに周知徹底されていました。

その他にも、2014年7月の全国高校野球選手権石川県予選決勝で、9回裏0対8からの大逆転勝利を収めた星稜高校のエピソードがあります。「最悪の場面」として9回時点で、大差で負けている状況を想定し、そこから大逆転までのシナリオをチーム全員で共有していたことで、選手たちはあきらめることも動揺することもなく、勝利を信じて戦い抜くことができたとされています。

このように起こり得る最悪の事態を想定して、疑似体験しておくことで、いざというときに落ち着いてシナリオに沿った行動が取れるようになるでしょう。

＊　＊

さて、5章では、さまざまな難題に直面したときを想定し、解決のための糸口を見出す戦略的な視点や、迅速な対処を可能とする新しい発想を通じて、ブレイクスルーを起こすヒントについて説明しました。6章では、成果の最大化を視野に、戦略的に人を巻き込み、カイゼンの好循環をつくる取り組みについて紹介します。

6章

成果を最大化&持続化させる

――人と組織を巻き込み、
カイゼンの好循環を生み出す仕組みづくり

仕事の成果（アウトプット）を最大化し、さらにそれを維持する、つまり「最大の成果を上げ続ける」＝持続化するには、周囲の人たちの協力が必要です。

いまや仕事の多くは、「自分一人の力」だけで成し遂げられるものはありません。自分の部署や部門の上司、先輩、同僚はもちろん、他の部署や部門とも連携しながら取り組むことが求められます。

こうした状況を考えると、仕事で成果を上げるために「戦略的に周囲の人を巻き込む」ことの重要性が、これまで以上に高まってきていると言えるでしょう。

そこで、6章では、仕事での成果を最大化＆持続化させるために、上手に人を巻き込むポイントを説明します。

周囲の人の力を借りてカイゼンの好循環を生み出すことができれば、チームや部署・部門での仕事の成果を最大化＆持続化することができるはずです。

1

意見が合わない相手をも味方に巻き込む話し方

この項のポイント

つい反論したくなる意見を上手に受け止める方法

仕事で大きなプロジェクトに取り組むときなど、チームを組んで対応することもあるでしょう。そんなとき、チームの中に自分と「価値観が合わないな」という人がいると、それだけでストレスを感じてしまうものです。相手の意見に、つい「でも」や「しかし」「そうなんですけど」と反論したくなってしまうこともよくあります。

特に仕事の場面では〝合わない〟相手ともうまくやっていかなければと思い、相手の話を「聞き入れよう」、相手のことを「少しでも受け入れよう」と無意識に頑張ります。そのせいか、「そこは納得できるが、でも、しかし、ちょっと待てよ……」と考えてしまい、いわば「心理的なアレルギー反応」を起こしてしまう場面も生まれます。

こうした価値観の異なる人は、極力避けてやり過ごしたいものですが、同じ職場やチームのメンバー、重要な取引先相手であればそうはいきません。むしろ、そんな人でさえも自分の味方に引き込んでしまうような人間関係を構築することが大切です。

実際にトヨタグループで仕事ができる人たちは、こういったコミュニケーションがとても得意でした。具体的に、どのように対処していたのか？　私が上司や先輩から学んだポイントは、**意見や価値観の異なる相手の話は「受け入れる」のではなく、「受け止める」**、という対応です。

◆「そうなんですね」話法で相手を「受け止める」

例えば、職場の新人の育成法について、考えや価値観の異なる人が、延々と自身の考えを主張しているシーンを想定してください。

相手の話を「受け入れる」ということは、「その通りですね」と同意や賛同、共感を示すことです。真面目な人ほど、相手の話を「受け入れよう」と取り組む方が多いのですが、無理して「(自分と異なる考えを)受け入れよう」とすればするほど、心の中で拒絶反応が起きます。自分と異なる意見や考え(＝異物)を無理やり取り入れようとして、「いや、やっぱりこの考えには同意できない」「そこには賛同できない」となり、「心理的なアレルギー反応」が生じるわけです。そして、つい「でも」「しかし」という反論が口に出てしまい、対立を生んでしまいます。

一方、**相手の話を「受け止める」とは、相手の話をきちんと聴くものの「無理に同意や賛同」はしません。同意や賛同をしない代わりに「そうなんですね」と相槌を打つ**のです。

むやみに敵をつくらず、戦略的に人を巻き込み、価値観の合わない人も自分の味方にしてしまう、そんな人間関係を構築するためには、「受け入れる」以外に「受け止める」の選択肢を持ち、場面に応じて使い分けることがおススメです。ビジネスの場面であっても、常に相手の意見や考え方を100％「受け入れる」必要はなく、場面に応じて「受け止める」だけでも、相手は「ちゃんと話を聴いてくれた」と安心し、議論を前に進めることができます。

また、食べ物同様に、自分に合わない意見や考えを無理やり取り込まず、手前に止めておくことで、アレルギー反応の発生を防ぎ、苦しくならずに済みます。

◆「でも」や「しかし」は使わずに「そのうえで」話法を使う

とはいえ、ビジネス上、どうしても相手に反論したくなったり、相手の誤解、間違いを指摘せざるを得なかったりするときもあるでしょう。そんな場面でもやはり、対立を生み出す「でも」や「しかし」といった「逆接の接続詞」は避けたほうがいいでしょう。

では、「逆接の接続詞」を使わずにどう対処すればいいのでしょうか？　社内で部署間の主張が異なり激論が交わされる中で、コミュニケーション力に長けた営業の先輩が使っていたのは、**「そのうえで」や「さらに」**という接続詞でした。

話の流れからすると、「そのうえで」や「さらに」といういわゆる〝順接の接続詞〟は日本語の文法として誤りですが、相手にむやみに反論してしまうことを避けるために、あえて「そのうえで」や「さらに」といった接続詞を使っていたのです。

例えば、あるお得意先から急な追加注文の依頼が来たとします。営業部としてはなんとか要望に応えたいと思っても、製造部門のトップは「追加生産は無理」の一点張りです。

そんなとき、「（無理なのはわかった）でも、お得意先は強く要望している。じゃあ、どうするんだ？　今後の受注に影響が出てもいいのか？」と言い返すとカドが立ちます。

そこで**「（無理なのはわかった）そのうえで、お得意先は強く要望をしているわけですし、どのような対応案があるでしょうか？」**と語りかけると、相手の受け取り方も違ってくるのです。

▽

「でも」「しかし」の代わりに、「そのうえで」を使う

コラム8　「でも」を言い換えるだけで人間関係がガラッと変わる

逆接の接続詞「でも」や「しかし」ではなく、「そのうえで」や「さらに」で言葉をつなぐことを説明しましたが、かく言う私も学生時代は「でも」や「しかし」「だけど」が口ぐせでした。それが変わったのは、トヨタグループで働き出してからです。

20代後半になって、久しぶりに学生時代の友人たちと再会すると、「人間が丸くなった」と、よく驚かれました。最初のひと言が「でも」や「だけど」から、「そうなんだね」に変わるだけで、人間関係がギクシャクするか円滑に回り出すか、大きく変化します。

もう一つ、「受け止める」の効果を実感したエピソードをご紹介します。トヨタグループで働いていた頃、当時の室長にかみつくことがありました。例えば、残業を減らしつつ、成果を出そうという部署方針に対して、実務担当者としては、「そんなこと言われたって、できません」と本音を意見していたのです。

そんなとき、その室長は「いいから黙ってやれ！」とは決して言わずに、「そうか、森くんはそう思うのか」と、ヒラ社員の私の意見を必ず受け止めてくれました。

ただし、振り返ってみると、私の意見を「受け入れてくれた」ことはほとんどありま

（図表6-1）同意できない話は「受け入れる」のでなく「受け止める」

	受け入れる	受け止める
相手の話をきちんと聴く	○	○
同意する賛同する	○	×
言葉の例	その通りです 承知しました	そうなんですね ～というお考えなんですね

せん。話をしっかり聴いたうえで、「いずれ君も係長、課長と立場が上がると思うけど、もし君が課長ならどうする？」と「2つ上の目線」での発想を問いかけ、最終的に私は「キャリア（入社年数）とともに生産性を上げるべきだし、じゃあ、やってみます」と自分から言って終わっていました。

人間は相手が自分の話を聴いてくれていると思うと、冷静さを取り戻し、自分も相手の話を聴こうという気分になります。これを**「返報性の法則」**と呼びます。

当時の室長はこうした巧みな対応で、私のような部下を上手にマネジメントしていたのだと、あとでわかりました。

2 仕事仲間を上手に動かす「ほめ言葉」の使い分け

この項のポイント

相手のタイプに合わせた4つの言葉のアプローチ

みなさんが日々担当している業務の中には、社内の複数の部署や部門にまたがって横断的に進めなくてはならないものもあるでしょう。このような部門横断型のプロジェクトでは、他部署・部門との連携や協力が大切ですが、他部署が多忙で「仕事を依頼してもなかなか動いてもらえない」といったことに悩むことはよくあります。

そんなとき、心のどこかで「仕事なんだから、こちらからの依頼に応えて当然なのに、なんで？」と思ってはいませんか。そうは思っていなくても、一方的にこちらの都合ばかりを優先して「お願いするだけ」になってはいないでしょうか。

どちらの場合でも、部署や部門間の連携や協力がうまくいかず、プロジェクトの進行がぎくしゃくしてしまいかねません。「あの人はいつも上から目線でものを言ってくる」と思われてしまうと、いつの間にか協力してくれる人も支援してくれる人もいなくなってしまいます。

多くの仕事は、自分一人の力だけで成し遂げることはできません。限られたリソースや時間で、仕事の成果を最大化するには、その仕事に関係する多くの人たちを「動かす」（＝協力を得る）ことが大切になってきます。

トヨタグループで活躍する方々は、協力者や支援者をうまく増やしながら依頼した仕事をこなしてもらい、部署・部門間の連携も人間関係もスムーズにしながら、成果を最大化していました。

ここでは、どうしたらあんなふうになれるんだろう？　という疑問から、私なりに見出したコツを紹介します。

◆依頼メールの文面に添えるひと言が人間関係を劇的に変える

他部署・部門の人に協力や支援を相談するとき、まずはメールで依頼するケースが多いでしょう。「人を動かす」ことがうまい人ほど、**依頼内容や用件だけを記したような「形式的なメール」で文面を終わらせず、二言三言を足しています**。

具体的には、「〇〇さんは、いつも私の気づかない問題点を指摘してくださり、ありがとうございます。おかげで資料の精度が上がり、お得先の信頼獲得につながっています」といった具合に、相手の長所に触れたり、協力に対する感謝を伝えたりしているのです。

特に、難しい要望や厳しい依頼内容を伝えるときには、必ず最初に感謝を伝えることを忘れないようにしましょう。

◆人間の気質（４タイプ）に応じて「称賛」の言葉を使い分ける

仕事を依頼し、何かしら動いてもらったときには感謝の気持ちとあわせて、「称賛」を伝えることを忘れないようにします。称賛とは、相手をただ褒めて「おだてる」のとは異なります。

・称賛：相手に自信を与え、行動を後押しする
・おだてる：過信や慢心を与え、怠慢にさせる

人をうまく動かすには、その人の性格や気質（タイプ）に合わせて称賛の言葉を使い分けることを意識してみてください。

例えば、次のようになります。

（図表6-2）自己主張と感情表出による人間の気質（4タイプ）

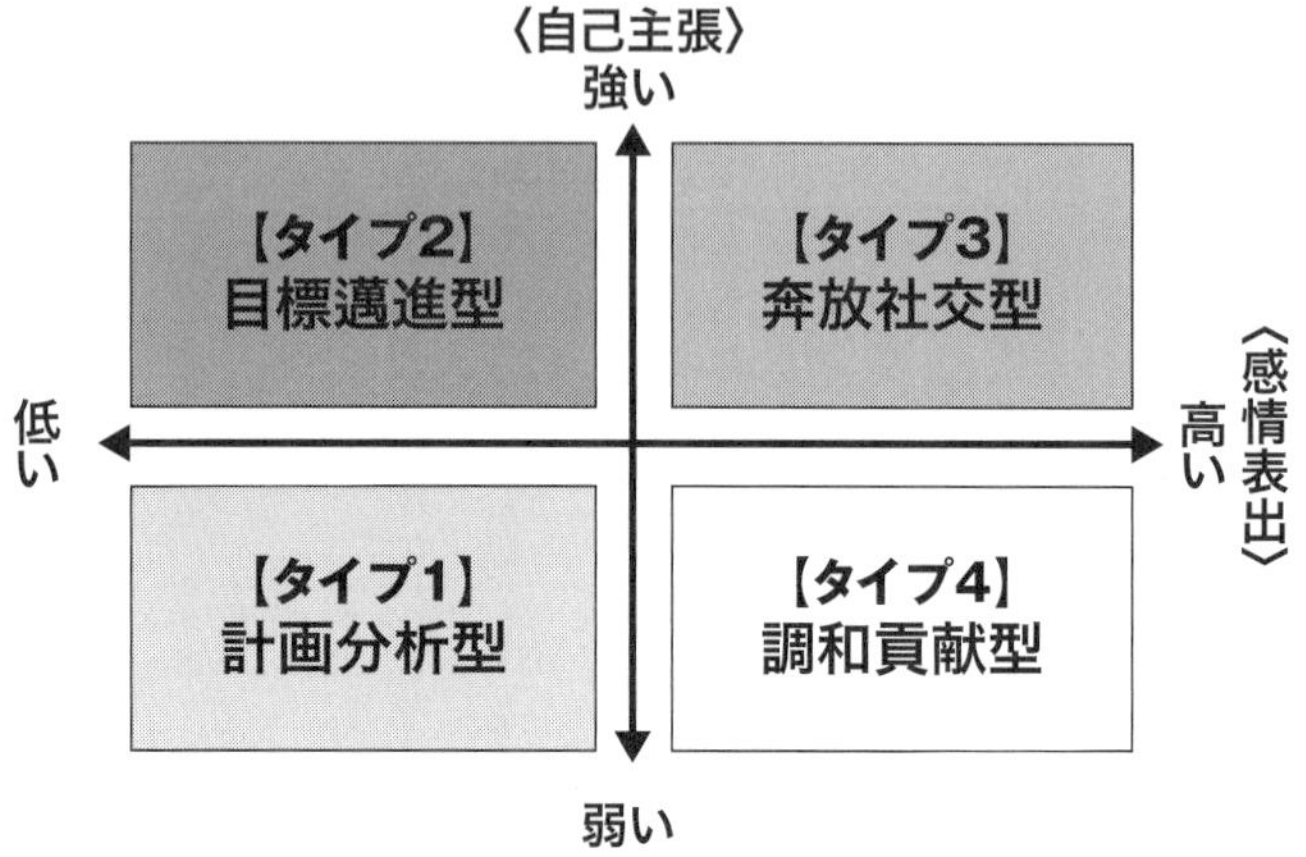

【タイプ1：計画分析型】

論理的で、慎重かつ感情の表現が少ない人

「この人、表情がかたくて、何を考えているかわからないな」と思うタイプの人は、人一倍ミスや誤解を恐れ、発言や人付き合いにも慎重な方が多いです。一方で、粘り強く凝り性の一面もあり、「黙々と仕事をこなし確実に成果をあげるプロフェッショナルタイプ」という見方もできるでしょう。

物事を分析的に考える傾向も強く、大雑把な称賛では不信感を抱くケースもあり、具体的に「専門性の高さ」や「こだわり」を挙げて称賛する言葉、例えば**「さすが、この△△の仕事（のクオリティ）は〇〇さんにしかで**

きないですね」というような言葉が効果的です。

【タイプ2：目標邁進型】
目標達成意欲が高く、自分の思い通りに進めたい人

「自己主張が強いな、人から指示されるのは苦手そうだな」というタイプの人は、やや協調性に欠ける点があるものの、多少の困難や問題があってもそれを乗り越えていく馬力を持っていることがあります。その馬力をうまく引き出せるような声掛けができると、プロジェクトを進める推進力となることも期待できます。

例えば**「〜〜をお任せしたら、一番ですね！」**というように、「一番」という言葉で相手の自尊心を高め、やる気になってもらう言葉が効果的です。

【タイプ3：調和貢献型】
気遣い上手で、貢献意識が強く、あまり意見を言わない人

職場で派手に目立つことはなくても、「陰でしっかりと努力を続け、職場を下支えしてい

る人」はどこの組織にもいるものです。単純に「大人しくてマジメ」というのではなく、「周囲をよく観察し、気遣い、謙虚な姿勢で仕事に取り組んでいる」と言えるでしょう。

そういった人たちに対しては、フォロワーシップに着目して**「○○さんがこの組織を支えていますね」「○○さんのおかげでいつも助かっています」**といった声掛けが適しています。

【タイプ4：奔放社交型】
好奇心旺盛で、明るく乗りの良い人気者

職場のムードメーカーのような役割を果たしているタイプの人です。生まれながらに「明るい性格の人」と思われがちですが、必ずしもそうとは限らず、むしろ職場やプロジェクトのチームの雰囲気を少しでも良くしようと周囲に気を配り、観察して先回りしながらその場の空気を読んだ行動を取っている人も多くいます。

そういった人たちは、多少お世辞のような称賛でも素直に受け取り、全てエネルギーに変えてアクションを加速させていきます。ぜひ、**「すごいですね」「最高です！」**と絶え間なく称賛の言葉を掛けてみてはいかがでしょう。

◆自分が感じたことを伝える「I《アイ》メッセージ」を活用

感謝や称賛の言葉を伝えるときには、「私には〜〜に見えました」、「私は〜〜と感じました」というように、**自分目線の「Iメッセージ」の構文を使う**のも効果的です。もとは社会学の一理論で、現在では人事管理や経営学の世界でも使われているソーシャルエクスチェンジ理論（社会的交換理論）でも、自分が感じた事実を伝えることで、自分も言いやすく、また、相手も受け取りやすくなることが期待できると言われています。

さて、人間には自分を認めてくれる人や褒めてくれる人の言葉を信頼し、認めてくれる人、褒めてくれる人が困っているときには助けようとする心理が働くとされています。

職場で他部署や他部門の人に仕事を依頼するときなど、「仕事なんだから」と考えてしまうと、つい感謝や称賛の気持ちを忘れてしまいがちです。**常に、やってくれた仕事を認めて、褒めて、感謝や称賛を伝える**ことで、部署・部門間の連携や人間関係もスムーズになり、周りを巻き込んで、仕事で成果をあげることができるのです。

▽

4つのタイプを見極め、「Iメッセージ」を活用する

3

理屈で動かない人を「感情」で動かす技術

この項のポイント

感情に働きかけ納得を引き出すテクニック

「職場で新たに定めた業務ルールを徹底したいのに、どうしても守ってくれない同僚がいる」。こうした悩みを耳にすることはよくあります。

「みんなで決めたルールなのだから守って当然だ」と正論をかざしても、「強引な説得」になり逆効果になってしまうこともあります。

こうしたケースでは、ルールを守らない人にもその人なりの理由や思いがあるものです。「論理だけで人は動かない」と考えて感情面に目を向け、「感情を揺り動かす」ことで人を納得させて行動を改めてもらえないかを考えましょう。

ここでは、「正論やルールを押し付けず」に「感情を動かす」ことで行動変容を促すコツを紹介します。

◆正論やルールを押し付けずに「感情を動かす」には？

相手の感情を動かすには、いくつかポイントがあります。

まずは、協力を得たい相手の興味・関心に注意を払い、**その人にとって「譲れない」価値観や対象とはどのようなものか**を考えてみましょう。

例えば、大切にしているものとして家族や尊敬する人、趣味、信念や信条、実際の経験や体験に基づいた思いなどに焦点を当ててみるのです。

そして、相手の感情に働きかける質問を考えてみます。

例えば、私が新入社員研修の講師を務める際は、「ビジネスマナーとしてこうすべき」と大上段で教えることは避けます。まず新入社員のみなさんに「これまで物を買ったり、サービスを受けたりした際に嫌な思いをした経験を教えてください」と尋ね、あれやこれやエピソードを挙げてもらいます。「それは嫌だね」「許せないね」と言い合ったうえで、「みなさんはこれから消費者から提供者に変わります。自分がされて嫌なことを他人にしないために、どうしたらいいでしょうか？」と問い掛けます。

人は正論や理屈だけでは動かないものです。一方で、**自分がさんざん「嫌だった！」「あれは許せない！」と語ったことについては、「逆の立場で同じことはできない」という感情**になります。

また、冒頭の「職場で新たに定めた業務ルールを徹底したいのに、どうしても守ってくれない同僚」に対しては、よく一緒に仕事をした他部署の課長は、できない理由を問いただすより、やりたくない気持ちや思いに耳を傾けていました。相手からあえて「面倒だ」「大変だ」というネガティブな感情を引き出します。

その際、その課長はうんうんと頷きながら、「面倒だと感じるんですね」といった具合に、丁寧にオウム返しを続けます。

ある程度ネガティブな感情が吐き出されたと感じたら、「ルールを守るにあたって、私にできることは何かありませんか？」と尋ね、共感と理解、協力姿勢を伝えていました。

こうすることで、〈話も聴いてくれたし、歩み寄ってくれているし、自分も歩み寄らなければ〉という気持ちを引き出し（返報性の法則・１９４ページ）、その課長は上手に相手に解決策を考えさせ、行動変容を促していました。

この課長のアプローチも一例にすぎませんが、古代ギリシャの哲学者アリストテレスが説いた修辞学（説得術）でも、論理を意味するロゴス以外に、道徳性や感情を意味するエトス・パトスが必要だと説いています。正論を押し付ける一辺倒の対応だけでなく、感情を揺り動かして賛同を得るアプローチも手に入れましょう。

▽

共感と理解で、相手の「歩み寄り」を引き出す

4

大きな仕事ほど「抵抗勢力」を逆利用する

この項のポイント

やりにくい相手を巻き込んで成果を最大化する技術

新しいプロジェクトの立ち上げを社内の会議で提案したところ、関連部署から「そんなの無理だ」と反対されてしまった……そんな経験をした人もいると思います。こんなとき、プロジェクトが暗礁に乗り上げてしまった原因は抵抗勢力だ、なんとかして排除しようとやっきになってしまうと、そもそもの目的を見失いかねません。

抵抗勢力をただの「邪魔者」、敵対勢力だと決めつけてしまうのではなく、5章で紹介した「2つ上の視点」を持って全体を俯瞰して見直すと、そもそも本来の目的は、プロジェクトを軌道に乗せて成功させることであり、抵抗勢力を排除することではないことがわかるはずです。

私がトヨタグループで働いていたときには、よく上司から**「問題を解決したいのなら批判的な人の力を借りろ」**と教えられました。

当初は、批判的な人＝抵抗勢力が「なぜ問題解決のための力となってくれるのか」がよく理解できなかったのですが、職場で「あの人は仕事がデキるなぁ」と思う人の様子を見ていると、抵抗勢力に限らず、周囲や他部署・他部門と対立することがとても少ないことに気がつきました。

抵抗勢力を排除しようとはせず、むしろ積極的に対立する相手の話に耳を傾けていました。そして、「なぜ反対するのか」「なぜ『できない』と言うのか」、**抵抗勢力の人たちが反対する本質的な理由は何かといったことを丁寧に聞き出し**、抵抗勢力が指摘する課題や問題、反対する理由を一つひとつ、つぶしていく作業をしていました。

その視点に立つと、抵抗勢力の意見は、それ自体がプロジェクトを推進するにあたっての課題や問題を指摘していることも多いことに気づきます。つまり、抵抗勢力は敵対勢力ではなく、**「課題の提供勢力」**とも言えるのです。

抵抗勢力の意見に耳を傾け、抵抗勢力をも巻き込んで、解決策を一緒に探ることができれば、プロジェクトが直面している課題を解決していく早道にもなります。

ここでは、抵抗勢力を味方にしてプロジェクトを成功させる4ステップを紹介します。

STEP 1 共通のビジョンや目的を確認

抵抗勢力と自分たちとの関係性を俯瞰的に捉えると、抵抗勢力も自分たちと同じ会社の一員であり、会社全体として事業変革に取り組んだり、生産性を高めて売上や利益を拡大したりすることに反対ではないことは理解し合えるでしょう。

つまり、共通のビジョンや目標、目的を共有することはできるはずです。まずは、そこを**「共通の土台」**とすることが大切です。

STEP 2 懸念点を整理し明確化

「共通の土台」をつくった後には、抵抗勢力が具体的に何に対して抵抗（反対）しているのか、そこを明確にすることが大切です。

先にも書きましたが、抵抗勢力の意見に丁寧に耳を傾けて、「どこに反対しているのか」、そして、その理由は何かを確認していくのです。

なぜ、新しい取り組みに反対しているのか、**その背景や懸念を理解していく過程で、見**

落としていた問題や課題に気づくことができれば、プロジェクトの成功に一歩近づくことができるでしょう。

STEP 3 理解の表明と共有

ステップ1で目標を共有し、ステップ2で問題や課題を明確にしたら、次は**それらをきちんと言葉にして伝える**ことを心がけましょう。

例えば、「お互いに『新たな事業領域に進出すべき』という点では同じ意見ですね」「問題は進め方ですね」と言葉にして確認・共有し合うことが大切です。

また、問題や課題が明確になったときも、「なるほど、○○さんが指摘した課題はもっともです。じつは我々もその解決に頭を悩ませていました」などと言葉できちんと伝えることで、抵抗勢力と思われていた人たちから解決のヒントを得ることができたりするのです。

STEP 4 教えを乞う

抵抗勢力をも巻き込み、その力を借りながらプロジェクトを成功させるには、ステップ

1からステップ3までをしっかりと踏むことで、抵抗勢力の人たちとの距離感を縮めることが大切です。

お互いを認めつつ率直に意見を交わせる関係性を構築できたら、**「課題の重大さは理解できました。○○さんが私の立場だったら、どういった解決策を考えますか？」**というように話し合ってみましょう。

相手に「教えを乞う」スタンスで相手にも問題や課題の解決策を一緒に考えてもらうように働きかけることが、抵抗勢力の力を利用するときの最大のポイントです。

強い抵抗勢力ほど、問題や課題の重大さを理解し、「それが解決されない限り賛同できない」という強い思いを持っているはずです。抵抗勢力の意見を丁寧に聴き、一緒に問題や課題の解決策を考えてもらい、プロジェクトの成果を最大化する、それがトヨタで仕事ができる人たちの仕事の進め方でした。

▽

課題を引き出し、その解決策を一緒に考えてもらう

5

個々のスキル・ノウハウを組織の力に昇華させる

この項のポイント

組織力・チーム力を底上げする仕組みのつくり方

会社という組織に属している限り、自分の仕事の成果だけでなく、「組織としての成果」についても考えなくてはなりません。むしろ、個人の仕事の成果よりも、組織としての成果が重視されることもあります。

例えば、メンバーが5人のチームに「売上20％アップ」の目標が設定された場合を想定してみましょう。このとき自分が「2倍（2人分）」頑張って「5人で6人分」の売上を実現できれば、たしかに「チームの売上20％アップ」を達成できる計算になります。

ただし、このやり方では個人への負担が大きくなりすぎてしまいます。そこで、いったん自分の成果＝個人の成果は横に置いて、メンバー5人がそれぞれ「1・2倍、頑張る」という発想に切り換えてみましょう。自分の営業スキルやノウハウをもとにチームのメンバーにアドバイスをするなどして、みんなが無理なく「1・2倍、頑張れる」という環境をつくってあげるのです。

一人ひとりがこれまでの2割増しの仕事ができるようになれば、自分だけが2倍も頑張る必要がなくなり、ラクになるだけでなく、チーム全体が頑張ることで組織力の底上げにもつながります。

つまり、**自分のスキルやノウハウ、工夫などをチーム内や組織内で横展開し、みんなで共有**し、組織力を高めることで、自分も周囲も生産性の向上につながる。ここではそのための5つのステップを紹介します。

STEP 1 成果をあげる「自分だけの秘訣」を言語化

まずは、成果をあげるのに役立ったポイントを3つくらいに絞って、**それを誰もが理解できる「わかりやすい言葉」で表現**します。「言語化」です。

STEP 2 その効果を検証

次に言語化したポイントやノウハウを、身近な同僚や後輩に実践してもらい、その効果を検証します。

STEP 3 マニュアル化

同僚や後輩の協力を得て効果を検証しながら、そのノウハウを客観的にプロセスに分解し、それぞれのプロセスを具体的な取り組み内容がわかるような説明文書（マニュアル）に落とし込みます。

STEP 4 ノウハウをシェア＝横展開

マニュアル化ができたら、身近な同僚や後輩だけでなく、それ以外のチームメンバーや部署・部門の人たちにそのマニュアルを共有して、ノウハウを横展開して浸透していくようにします。

ノウハウが浸透していくことで、それが一部の人だけの「特別なノウハウ」ではなくなり、チームや部署・部門内での「標準」となるようにします（標準化）。

STEP 5 フィードバックを得てブラッシュアップ

さらに、シェアして終わりではなく、フィードバックを得て、ノウハウをさらにブラッシュアップしていくまでの一連のサイクルを構築することを意識しましょう。

例えば、チームとしての売上拡大を目指していることを想定してみます。具体的には次のようなサイクルを回すことになります。

・「メンバーが課題に直面」→「マニュアルに沿って対処法を検討」→「実践して効果検証」→「フィードバックを得てノウハウをブラッシュアップ」

こうして、うまくいったノウハウや秘訣は、**標準化して「仕組み化」することで共有を図り、ブラッシュアップして、より洗練されたノウハウとして一つひとつ積み上げていく**

といいでしょう。

仕事で成果をあげることに自信がある人ほど、ついつい独自のスキルやノウハウを抱え込んでしまい、「個人商店化」したくなってしまうものです。そんな気持ちもわかりますが、世の中には「与える者は与えられる」という名言もあります。

ノウハウを周囲に与えて横展開することで、チーム力や組織力が向上し、それが最終的には自分自身のスキルアップや人的ネットワークの広がりにつながることにもなるのです。

▽

ノウハウを横展開することで自分も組織も成長する

6
究極のカイゼンは、自分の仕事を「なくす」こと？

この項のポイント

時代の変化に即応できる自分と組織であるために

オックスフォード大学のマイケル・A・オズボーン博士が2014年に発表した「雇用の未来」によると、「2030年までに米国の雇用の約半分（47％）が自動化される」とのこと。たしかにここ数年の生成AIの進化やロボットの普及を考えると、私たちの身のまわりでも仕事がAIやロボットに取って代わられてしまうのではないかと不安になることもあるでしょう。

ただし、この**「仕事をなくす」ということは、じつはカイゼンの究極のテーマ**であるとも言えます。私自身は仕事のできる上司や先輩から「究極のカイゼンは自分の仕事をなくすこと」という考えのもと、**自分の担当業務を「なくすこと」、もしくは「減らすこと」を常に意識**づけられてきました。

自分の業務をなくす／減らすとはどういうことか。例えば、お客様を訪問して製品を売る営業社員の仕事であれば、「訪問せずに（営業せずに）売る」方法を考えるということです。その他にも、次のような例が考えられます。

【業務をなくす／減らすとは】

・工場設備のメンテナンスや修理をするのが仕事
↓「壊れない／故障しない」設備にする
・優秀な人材を中途採用するのが仕事
↓社員が辞めない会社にする
・伝票処理するのが仕事
↓伝票作成を不要にする

ここでは、究極のカイゼンにつながる業務のなくし方／減らし方について説明します。

STEP 1 「3つの質問」で「なくせる人」になる

仕事をなくす／減らすための最初のステップは**「なくせる人になる」**ことです。

とはいえ、自分がこれまで取り組んできた仕事です。真面目に取り組んできた人ほど、「自分がやってきた仕事に不要なものなどないはず」と思い、仕事をなくす／減らす判断をするのは難しいでしょう。

そこで、「3つの質問」に答えながら自分の仕事や業務をなくせるか／減らせるかを考えてみてください。

・質問1：自分の仕事がなくなると誰がどのように困るのか
・質問2：困らないようにするには「どういう状態」になればいいのか
・質問3：その状態にするためには何を変えればいいのか

この3つの質問に自問自答することで、まずは自分の仕事や業務をなくすこと／減らすことを考えてみることが大切です。

STEP 2 自分の仕事をなくして／減らして「受け渡せる人」になる

どうしてもなくせない、減らせない仕事や業務はあるものです。そんなときには、その仕事や業務を他の人に**「任せる＝受け渡す」**ことができないかを考えてみましょう。自分の仕事や業務を他人に受け渡すには、次の5つの手順で取り組むとスムーズにできます。

【仕事や業務を他人に受け渡す5つの手順】

・手順1　業務の標準化
↓
・手順2　マニュアル作成
↓
・手順3　自動化／システム化／仕組み化
↓
・手順4　後輩や後進の育成（スキルなど）
↓

・手順5　委譲

トヨタグループでは、**「課長が新たな課題解決に挑戦し、担当はそれを引き継いで標準化し、新人やアシスタントができるようにして引き渡す」**というフローが徹底されていました。こうすることで組織やチームとして、常に新しいことに挑戦し、そこで得たノウハウや知見を共有、標準化してチーム内や組織内に浸透させていくことができます。

それは決して「自分がラクをする」ことが目的ではありません。部下や同僚、後輩、時には先輩や上司などの力を借りて自分に時間と余力を生み出し、新たな課題の解決に取り組むことで、**自分を含めたチームや組織全体の成果の最大化に貢献すること**なのです。

自分の既存業務を全てなくすことは現実的に難しいかもしれませんが、例えば1年単位で考えて、「毎年2割ずつ仕事をなくしていこう（部下・後輩に受け渡していこう）」と目標を立て、一方で新しい問題の解決やスキルの習得などに、捻出した2割の時間を充てるといった「自分カイゼン」を実践してみてはいかがでしょうか。

▽

仕事をなくす努力をして、常に新たな挑戦ができる自分でいる

＊　　＊

さて、ここまで全6章にわたって、自分の仕事力をカイゼンするための取り組みについて紹介してきました。カイゼンが目指すところをひと言で示すとすれば、それは「生産性の向上」です。

本書では、生産性を「仕事に費やす時間や労力」＝「投入量（インプット）」に対する「仕事の成果」＝「産出量（アウトプット）」の割合として定義しました。そして、第1部では費やす時間や労力＝「投入量（インプット）」のムダを削減するカイゼンについて説明しました。続く第2部では、仕事の成果＝「産出量（アウトプット）」を最大化するためのカイゼンについて紹介しました。

ここで紹介したカイゼンの取り組みには、自分ひとりですぐに実行できるものもあれば、時間をかけてチームや組織で取り組まないとできないものもあります。

いずれにしても、カイゼンに取り組むかどうかを決めるのは、みなさん一人ひとりです。できるところからでも、カイゼンの第一歩を踏み出していただければ幸いです。

おわりに

会社員時代、私のために多くの時間を費やし、熱心に指導をしてくださった4名の上司をはじめ、退職後も温かくご支援くださるトヨタグループのみなさま、また本書執筆にあたり、多大なご支援をいただいた中野様、宮原様、下玉利様はじめ、相談に乗ってくださった多くのみなさまに心より感謝申し上げます。

最後に、私が仕事をするうえで大切にしているビジョンをご紹介したいと思います。

「子どもたちが将来にワクワクする社会をつくる。そのために、いまワクワク働く大人を増やす」

働く中で、辛いことと、大変なことは多々ありますが、本書を通じて、少しでも現状を好転させ、子どもたちから見て、カッコよく働く大人がたくさんいる、そうした社会をみなさまと一緒につくっていけたらと思います。

著者紹介

森 琢也 株式会社クック・ビジネスラボ代表取締役。中小企業診断士。2007年明治大学卒後、トヨタグループの大手自動車部品会社（デンソー）に入社。経営企画部署にて、製造現場でのトヨタ生産方式の浸透、グループ会社支援など、数千億円ビジネスの全体像を学ぶ。事業企画に異動後は、採算改善プロジェクトのリーダーとして、世界５拠点で生産する新製品の採算Ｖ字回復などに携わる。約10年の勤務後、リクルートマネジメントソリューションズを経て、2020年に独立。経営コンサル事業にて、中小企業向け事業計画作成・実行支援を行い、補助金獲得総額５億円超、採択率90％以上を達成。また、研修事業では、累計100社以上、参加者数6000人以上に研修を実施するなど、トヨタグループでの経験を活かして、組織や個人の仕事の生産性向上を支援している。

トヨタで学《まな》んだハイブリッド仕事術《しごとじゅつ》

2024年９月30日　第１刷

著　者　森《もり》　琢《たく》也《や》

発行者　小澤源太郎

責任編集　株式会社 プライム涌光
電話　編集部　03(3203)2850

発行所　株式会社 青春出版社
東京都新宿区若松町12番１号 〒162-0056
振替番号　00190-7-98602
電話　営業部　03(3207)1916

印刷　三松堂　　製本　大口製本

万一、落丁、乱丁がありました節は、お取りかえします。

ISBN978-4-413-23376-7 C0030